权威·前沿·原创

皮书系列为
"十二五""十三五"国家重点图书出版规划项目

中关村新三板蓝皮书

BLUE BOOK OF
ZHONGGUANCUN NEEQ LISTED FIRMS

中关村新三板企业成长力报告（2018）

THE GROWTH REPORT OF ZHONGGUANCUN NEEQ LISTED FIRMS (2018)

中关村上市公司协会 / 编
主　编 / 郭伟琼　谭洪艳
副主编 / 陈　红　葛　琰

社会科学文献出版社
SOCIAL SCIENCES ACADEMIC PRESS (CHINA)

图书在版编目(CIP)数据

中关村新三板企业成长力报告.2018/郭伟琼,谭洪艳主编.--北京:社会科学文献出版社,2019.3
(中关村新三板蓝皮书)
ISBN 978-7-5201-4017-1

Ⅰ.①中… Ⅱ.①郭…②谭… Ⅲ.①中小企业-企业发展-研究报告-北京-2018 Ⅳ.①F279.243

中国版本图书馆CIP数据核字(2018)第278531号

中关村新三板蓝皮书
中关村新三板企业成长力报告(2018)

主　　编／郭伟琼　谭洪艳
副 主 编／陈　红　葛　琰

出 版 人／谢寿光
项目统筹／薛铭洁
责任编辑／薛铭洁

出　　版／社会科学文献出版社·皮书出版分社 (010)59367127
　　　　　　地址:北京市北三环中路甲29号院华龙大厦　邮编:100029
　　　　　　网址:www.ssap.com.cn
发　　行／市场营销中心 (010)59367081　59367083
印　　装／三河市龙林印务有限公司
规　　格／开　本:787mm×1092mm　1/16
　　　　　　印　张:14　字　数:184千字
版　　次／2019年3月第1版　2019年3月第1次印刷
书　　号／ISBN 978-7-5201-4017-1
定　　价／98.00元

皮书序列号／PSN B-2019-808-1/1

本书如有印装质量问题,请与读者服务中心(010-59367028)联系

▲ 版权所有 翻印必究

《中关村新三板企业成长力报告（2018）》
编 委 会

指导顾问	尹卫东　陈　沛　缑琛洋　张　伟　梁　雨 范　睿　瑞　鑫　杨淑娟　李　康　章晓亮 刘平安　李　华　张可亮　王　愫　彭　海 时　庆　赵翔玲　刘桂敏　陆　涵
主　　编	郭伟琼　谭洪艳
副 主 编	陈　红　葛　琰
研究团队	孔柳絮　王和平　杜　宇　杨佩金　张嘉禾
编辑团队	刘永欣　毕　伟　沈亚军　冉江平　付婉娟

主编简介

郭伟琼 中关村上市公司协会秘书长，美国加州大学圣塔芭芭拉分校传播学硕士，哈佛大学肯尼迪政府学院 EMBA。先后创立了三家公司，现任中关村上市公司协会秘书长。2017 年当选北京市台商协会理事。2009 年起义务担任雁行中国基金会主席，帮助农村贫困大学生通过组织锻炼更好地融入社会。著有《中关村模式：科技＋资本双引擎驱动》。

谭洪艳 中关村上市公司协会副秘书长、新三板分会秘书长，美国加州州立大学长滩分校（CSULB）MBA，中国政法大学硕士。中国政法大学商学院特聘校友导师。多年战略管理及商业模式设计咨询经验，擅长行业标准化与企业战略的融合，对传统企业的"互联网＋"战略的精准落地有着丰富的指导经验，具有深厚的法商理论基础和商业风险防范实操经验，精通财务管理、企业内控及金融资本运作。2017 年加入协会承担副秘书长一职，全面负责协会新三板分会工作。

摘　要

新三板是我国多层次资本市场建设的重要创新举措，对于满足企业多元化融资需求、增强自主创新能力和促进高新技术企业发展具有重要意义。中关村是我国战略新兴产业的策源地，也是新三板的发源地，中关村新三板市场的良好发展为全国其他高新区提供示范效应。

截至2017年底，中关村有1618家企业在新三板挂牌，其中创新层企业232家。无论在全国新三板市场还是在中关村区域经济中，中关村新三板企业贡献的力量都不容忽视。

中关村新三板企业的经营业绩彰显高成长性，创新层企业更为突出。2017年，在全国新三板市场整体情况不景气的大环境下，中关村新三板企业营业收入、毛利润及净利润均保持了持续上升的趋势，其中，净利润增长率远高于全国平均水平，8%的企业营业收入增长率超过100%，16%的企业净利润增长率超过100%，中关村新三板企业的赢利能力表现出较高的成长性。其中，创新层企业的平均营收是基础层企业的5倍，平均净利润约为基础层企业的3倍，77%的创新层企业实现营业收入同比正增长，超过50%的创新层企业实现净利润同比正增长。

中关村新三板企业的研发投入和专利产出齐增长，企业创新能力不断提升。2017年，中关村新三板企业研发费用约为100亿元，企业平均研发强度远高于全国平均水平。同时，企业研发投入的持续加强推动着专利产出能力的不断提升。中关村新三板企业专利授权量四年来持续上升，创新能力不断提升，已经有少部分企业在立足本土发展的基础上，开始进行国际化战略布局。

中关村新经济企业聚集，优势行业成长潜力巨大。中关村有接近四成的企业属于信息传输、软件和信息技术服务业，这一代表新兴产业的行业的总市值、营业收入、毛利润等财务数据均高于其他行业，是中关村新三板的优势行业。此外，基于中关村地区的发展历史、人文环境及政策支持等因素，拥有成熟技术与市场的高端制造业同样是中关村新三板的优势行业。与此同时，中关村新三板企业平均固定资产比率远低于同期全国水平，轻资产特征明显，从另一个侧面佐证了中关村新三板新经济企业居多，其成长前景值得市场关注。

中关村企业竞争优势明显，整体实力优于其他区域。和广东（除深圳）、深圳、江苏、浙江和上海五个省市的新三板企业进行对标分析，中关村新三板企业在市值、赢利能力、经济贡献度等方面均高于其他地区。此外，中关村创新层企业各项指标也远超其他地区，表明其具有更多的优质企业。

尽管中关村新三板总体实力突出，在发展的过程中仍难以避免新三板市场目前规则所带来的局限。如市场流动性不足、企业融资难度加大、交易制度和分层政策差异化制度不完善等，严重阻碍了市场融资功能的发挥，对企业挂牌吸引力下降，优质企业流失严重。

基于以上所陈述的发展现状与目前存在的突出问题，本报告提出如下建议，以期能为新三板市场的发展完善做出贡献。

第一，建议重新明确新三板定位，着重服务科技创新型企业。自新三板扩容以来，新三板服务对象逐渐扩大化、泛化。这在一定程度上模糊了新三板为创新创业企业服务的市场定位，造成市场挂牌企业质量的参差不齐。因而，建议以中关村为试点，借鉴美国纳斯达克市场经验，推出针对质量优异的科技型企业的专属分层，以企业科技创新能力作为主要评价指标，回归新三板市场建立的最初定位。

第二，建议降低个人投资者准入门槛，同时吸引机构投资者参与新三板。现阶段新三板的主要矛盾是资金供需不平衡的问题，直接导致市场交易不活跃、流动性不足，企业融资困难。除了挂牌公司本身的质量问题以外，合格投资者门槛过高是产生这一问题的重要因素。因此，建议选取优质新三板企业，按照风险大小分层次降低合格个人投资者准入门槛，以改善市场买卖力量不均衡、流动性不足的局面。同时，建议尽快制定公募基金、保险基金等长期资金投资新三板的制度细则，吸引更多持有长期资金的合格机构投资者参与新三板市场。

第三，建议完善市场分层，制定并实施差异化的制度安排。建议进一步深化新三板市场改革，依据企业的规范性、持续性、成长性等指标，在基础层、创新层的基础上进一步推出精选层，并实施差异化的制度安排，加大对"硬技术、原始创新"等科技创新领域优质企业的支持力度。

第四，建议加强新三板与相关金融机构的联动。针对中小企业经营特点和融资需求的创新金融产品和服务有助于其健康发展，因此，建议新三板加强与银行、创投等金融机构的合作，为挂牌企业积极开发新的信贷产品和服务模式，满足新三板市场中小微企业的差异化需求。

此外，针对已经在新三板挂牌的企业，建议企业在加强自己的规范性的同时，提升企业的专业水准和技术，同新三板市场的升级和优质企业的红利共同成长壮大。

关键词： 新三板　中关村　成长力　经营业绩

序　言

我国的证券市场源远流长，早在1872年，李鸿章办洋务，成立了中国第一家近代意义上的股份制企业——上海轮船招商局，发行了中国人自己的第一只股票。我国的证券市场横跨晚清、新中国成立前、成立初期与改革开放等几个历史阶段，整整延续了一百多年。

我国的证券市场与各国证券市场发展的历史逻辑完全一致，均是沿着先发行、后交易，先场外、后场内的历史不断演进。

改革开放以后，我国证券场外交易不断活跃，在此背景下，1990年12月19日，经国务院批准，上海证券交易所正式开业。1991年7月3日，深圳证券交易所正式开业。在20世纪90年代，以证券交易所为代表的证券场内市场出现了迅猛发展，同时也促进了我国的证券场外市场不断发展扩大。我们已经形成了以两家证券交易所为龙头，以NET与STAQ两个全国性的法人股市场为两翼，29家地区性的证券交易中心为基础的多层次资本市场。

但是，在东南亚爆发金融危机之后，为了防范金融风险，国务院专门发放了红头文件，明确指出：证券只能在证券交易所交易，证券交易所之外的证券交易均属违法，证券场外市场要全部关闭。在关闭证券场外市场的过程中，NET与STAQ市场出现了许多问题。为此，我们到广东与福建等地进行深入的调研，写出2.4万字的关于NET市场的调查报告递交到国务院，时任总理朱镕基亲自签名，并做出重要批示。

此后，NET市场的南海发展与STAQ市场的海南航空被送到交易所市场上市交易。其他摘牌公司被安排到上海证券公司柜台上进行交易。这就是最早的三板市场的雏形。

早期的三板市场归中国证监会监管，后来移交中国证券业协会管理。

2001~2002年，中国证券业协会发布了《证券公司代办股份转让服务业务试点办法》和《关于改进代办股份转让工作的通知》，规定STAQ、NET系统挂牌公司和退市上市公司的股份在证券公司代办股份转让系统进行转让，三板市场逐渐规范化。

2006年1月，证监会与北京中关村科技园区管委会开通了中关村科技园区非上市公司代办股份转让系统，由于与原代办股份转让系统在交易制度、参与主体、信息披露等方面存在区别，中关村股份报价转让系统被称为新三板。

中关村新三板市场吸引了一批优秀的高科技企业参与试点，大大提高了市场的质量。中关村新三板市场也进行了转板创新，挂牌的久其软件转板到中小板上市，北陆药业和世纪瑞尔两家企业登陆创业板。

在我国证券场外市场的发展过程之中，我们进行了长期的关注与研究。2010~2011年，笔者连续写了两个全国政协委员的提案，还写了一份北京市政府参事建议，提出在北京中关村三板市场的基础上进行扩大，建立全国统一的证券场外市场。

我们高兴地看到，在2012年下半年，国务院批准建立全国中小企业股份转让系统与成立全国中小企业股份转让有限责任公司，这就是现在的新三板市场。新三板市场已经将非上市企业股份转让范围从局部扩大至全国，出现了突飞猛进的大发展局面。

可以说，证券场外市场是多层次资本市场的重要组成部分，大力发展证券场外市场具有十分重要的战略意义。

目前，我国中小企业融资难、融资贵的情况非常严重，只靠商业银行的贷款是无法解决这一问题的。要解决中小企业融资难、融资贵的问题，必须彻底改变中小企业的融资模式，拓宽中小企业的融资渠道，引导中小企业进军资本市场，进行直接融资。

证券交易所通过发行上市，可以在一定程度上解决中小企业融资问题。但是，仅仅依靠交易所证券场内市场是不可能在更大的范围解决中小企业融资难、融资贵问题的。证券交易所发行上市的门槛高，容量小，解决不了大量中小企业的融资问题。

建立多层次资本市场最重要的是要建立证券场内市场与场外市场的多层次资本市场。证券场外市场的门槛低、容量大、范围广，可以在更大的范围解决中小企业的融资问题。同时，建立场外市场可以为VC与PE提供更方便的退出机制，进一步促进他们直接向中小企业融资。

可以说，证券交易所是证券市场的核心，但不是主体。证券市场的主体应该是范围更加广阔的证券场外市场。我们要想解决中小企业的融资难、融资贵问题，就必须大力发展证券场外市场。

此外，证券场外市场本身也要多层次，我们不仅要大力发展新三板市场，还要大力发展四板市场。只有如此，才能更好地解决中小企业融资问题，促进企业发展，激活民间资本，服务实体经济。

需要注意的是建设多层次资本市场，并不是把资本市场的各个层面建成互无联系、互相独立、相互并行的几个孤立的板块。最关键的是要从资本市场发展的统一战略出发，建立证券场内市场和场外市场的密切联系与联动机制。在不同的市场之间要能够互相转板，互相支撑。只有如此才能增强证券市场运行的弹性，提高证券市场运行的安全性。

目前，新三板市场在发展中遭遇了较大的曲折，新三板市场经过一段迅猛发展之后出现了低迷的状况，产生了许多新的问题。但是全国人大、全国政协与国务院对新三板市场非常重视，高度关注。新三板市场在帮助中小企业解决融资问题、促进中小企业发展的战略地位是无法替代的。我们相信，经过大家共同的努力，我们一定能够把新三板市场建设成一个可以充分发挥市场功能、健康稳定的新兴市场。

在新三板市场的建设与发展中，中关村具有十分重要的地位。中关村不仅是科技创新的龙头，不仅是科技与资本结合的典范，也是新三板市场的策源地。中关村的新三板挂牌企业，无论在科技水平、创新能力与赢利能力等方面均在新三板市场中保持领先地位。

可以预期，随着资本市场政策的调整与放开，我国新三板市场将进入一个全新的大发展阶段。中关村新三板企业将以蓬勃发展的大好局面，引领我国资本市场的历史潮流。

中央财经大学证券期货研究所所长
贺　强
2018 年 8 月 11 日于北京

目 录

Ⅰ 总报告

B.1 中关村新三板企业竞争优势明显,"融资难"痛点依旧
.... 郭伟琼 谭洪艳 / 001
  一 2017年中关村新三板市场发展特征 ………………… / 002
  二 2017年中关村新三板市场存在的问题 ……………… / 006
  三 针对中关村新三板市场的发展建议 ………………… / 008

Ⅱ 市场运营篇

B.2 2017年中关村新三板市场发展概况研究报告
  ………………………… 中关村上市公司协会研究部 / 011
B.3 2017年中关村新三板企业行业分布研究报告
  ………………………… 中关村上市公司协会研究部 / 021
B.4 2017年中关村新三板企业市值研究报告
  ………………………… 中关村上市公司协会研究部 / 034
B.5 2017年中关村新三板企业资产状况研究报告
  ………………………… 中关村上市公司协会研究部 / 041
B.6 2017年中关村新三板企业经济社会贡献度研究报告
  ………………………… 中关村上市公司协会研究部 / 047

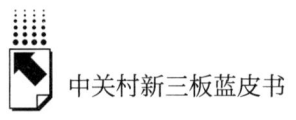

B.7 中关村园区：创新创业基地，新三板市场发展的重要动力
　　…………………………………… 王　愫　李旭东 / 052

Ⅲ　企业成长篇

B.8 2017年中关村新三板企业经营状况研究报告
　　…………………………… 中关村上市公司协会研究部 / 080

B.9 2017年中关村新三板企业创新能力研究报告
　　……………………………… 中关村知识产权促进局 / 103

B.10 2017年中关村新三板企业融资状况研究报告
　　…………………………… 中关村上市公司协会研究部 / 115

B.11 新三板企业资本规划及融资策略分析 ………… 袁　季 / 125

B.12 2017年中关村新三板企业公司治理研究报告
　　…………………………… 中关村上市公司协会研究部 / 159

B.13 2017年主要地区新三板发展状况对比分析
　　…………………………… 中关村上市公司协会研究部 / 169

Ⅳ　附录

B.14 中关村上市公司协会新三板分会介绍 ………… / 180

B.15 后　记 ……………………………………………… / 187

Abstract ……………………………………………………… / 190
Contents ……………………………………………………… / 195

总 报 告
General Report

B.1
中关村新三板企业竞争优势明显，"融资难"痛点依旧

郭伟琼 谭洪艳*

摘　要： 2017年，中关村新三板企业展现出较高的成长性，在经营业绩、研发实力等方面拥有强劲的增长势头，新经济企业集聚为这一经济群体未来的高速成长奠定基础。与全国其他主要地区的对比结果则显现出中关村新三板企业现有的发展状态极具竞争力。但由于新三板市场目前规则所具有的局限性，中关村新三板整体存在着挂牌数量减少、流动性不足、分层机制不合理

---

* 郭伟琼，中关村上市公司协会秘书长，美国加州大学圣塔芭芭拉分校传播学硕士，哈佛大学肯尼迪政府学院EMBA，北京市台商协会理事；谭洪艳，中关村上市公司协会副秘书长、新三板分会秘书长，美国加州州立大学长滩分校（CSULB）MBA，中国政法大学硕士，中国政法大学商学院特聘校友导师。

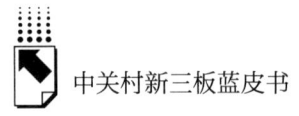

等问题,一定程度上制约了企业借助资本市场获得进一步发展的可能性。基于此种现状,本报告提出通过进一步明确新三板定位、增加市场投资者、完善市场分层和加强与金融机构联动的政策及措施,进一步改善市场环境,帮助中关村新三板企业在市场中获得长远发展。

关键词: 中关村　新三板　高成长性　流动性　分层机制

一　2017年中关村新三板市场发展特征

(一)赢利能力持续向好,创新层企业业绩亮眼

2017年,中关村新三板企业的总营业收入额达到2421亿元,同比增长7.36%;毛利润合计达到628亿元,同比增长4.32%;净利润合计达到142亿元,同比增长16.4%,远高于全国新三板整体净利润增长率(4.79%)。可见,即使在全国新三板市场即将面临经济寒冬的情况下,中关村新三板企业依然表现出勃勃生机。从成长性来看,中关村新三板公司实现营业收入同比正增长的企业有954家,占比65.98%。其中,营收增长率超过100%的中关村新三板企业有135家,其中有9家营收增长率超过1000%。同时,有661家企业实现净利润同比增长,占比45.71%。其中,净利润增长率超过1000%的企业有36家,净利润增长率超过100%的企业有264家。中关村新三板企业的赢利能力持续向好,企业经营业绩彰显出较高的成长性。

相对而言,2017年中关村新三板创新层企业的业绩表现更为亮

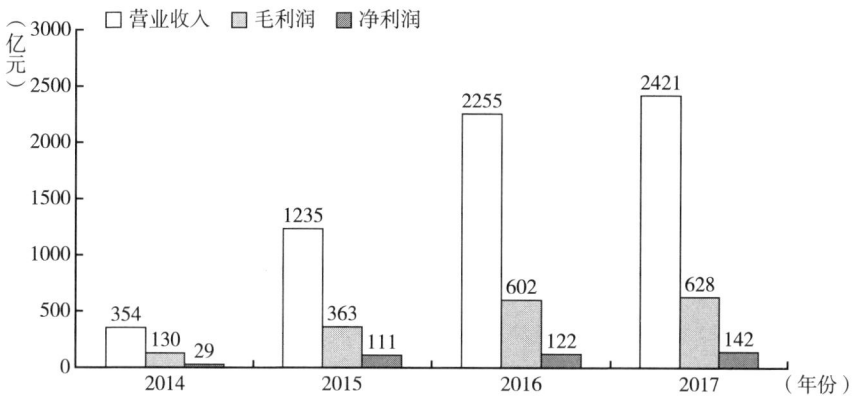

图 1　2014~2017 年中关村新三板企业赢利情况

资料来源：Wind，中关村上市公司协会整理。

眼。中关村创新层企业的平均营业收入为 4.95 亿元，是基础层企业平均营业收入的 5 倍；中关村创新层企业的平均净利润为 2282 万元，是基础层企业平均净利润的 3 倍。创新层 76.73%（155 家）的企业营业收入实现了同比正增长，55.94%（113 家）的企业净利润实现了同比正增长；基础层 64.23%（799 家）的企业营业收入实现了同比正增长，44.05%（548 家）的企业净利润实现了同比正增长。

（二）研发投入和专利产出双双增长，企业创新能力不断攀升

2017 年，共 1142 家中关村新三板企业披露了研发费用，研发费用合计达 97.58 亿元。中关村新三板企业的平均研发费用为 854.47 万元，高于全国新三板企业的平均研发费用；中关村新三板企业的平均研发强度为 5.74%，高于全国新三板企业的平均研发强度。同时，通过对连续四年企业平均研发强度与毛利率的相关分析显示，中关村新三板企业存在着合理的研发投入促进企业赢利水平提升的显著规律。

中关村新三板企业的研发投入力度在不断加大的同时，企业的创新产出能力也得到稳步提升。从近四年的数据来看，中关村新三板企业的专利授权量同样实现稳步增长，2017年中关村新三板企业的专利授权量达到2129件，比2016年同期增长15.02%，其中发明专利授权量达到456件，比2016年同期增长20.63%。此外，2017年中关村新三板企业拥有有效发明专利2519家（同比增长17.77%），还有两家企业申请了两件PCT专利。该组数据表明中关村新三板企业创新能力不断提升，已经有少部分企业在立足本土发展的基础上，开始进行国际化战略布局。

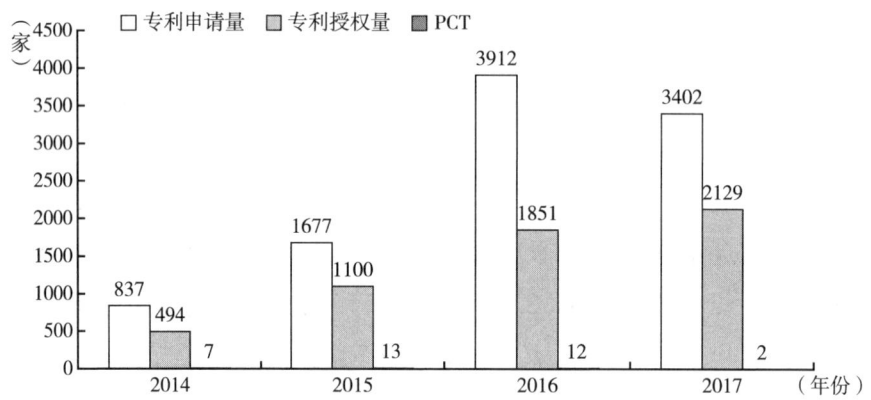

图2　2014～2017年中关村新三板企业创新产出情况

资料来源：Wind，中关村上市公司协会整理。

（三）新经济企业云集，优势产业成长前景广阔

由于中关村特殊的发展历史、政策及人文环境等，代表新兴产业的信息技术行业一直以来都是中关村新三板的绝对优势行业，同时，拥有成熟技术的高端制造业也逐渐成为中关村新三板的行业新名片。2017年，中关村有571家（占比达到39%）企业属于信息传输、软

件和信息技术服务行业，并且这一行业的总市值、总营业收入、毛利润等财务指标均高于其他行业；还有295家中关村新三板企业属于高端制造行业。此外，中关村新三板企业的轻资产特征明显，其固定资产比率（5.03%）远低于同期全国水平（14%）。代表先进技术的轻资产特征从侧面佐证中关村新三板新经济企业居多，不易在行业周期波动中受到影响，其成长潜力巨大，值得市场关注。

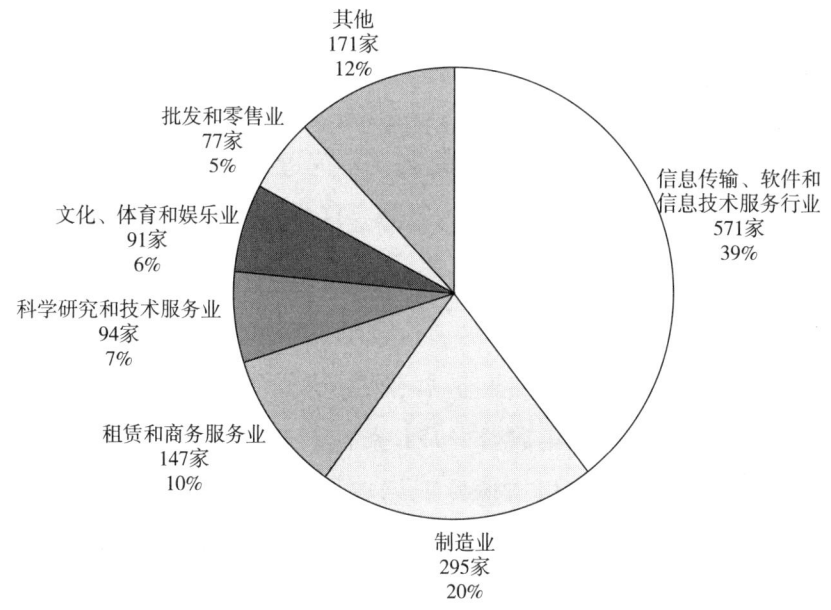

图3　2017年中关村新三板企业行业分布情况

资料来源：Wind，中关村上市公司协会整理。

（四）企业竞争优势明显，整体实力优于其他区域

中关村是新三板的发源地，中关村新三板市场的良好发展为全国其他高新区提供示范效应。和广东（除深圳）、深圳、江苏、浙江和上海五个省市的新三板企业进行对标分析，中关村新三板企业的总市值、

总资产、总营收、毛利润、纳税额均高于其他地区。此外,中关村创新层企业不仅数量和占比远高于其他地区,且创新层企业的总市值、总资产和净利润指标也远超其他地区。充分表明,中关村新三板企业已形成一定规模,企业竞争优势明显,整体实力优于其他区域。

二 2017年中关村新三板市场存在的问题

尽管中关村新三板总体实力突出,在发展的过程中仍难以避免新三板市场目前规则所带来的局限。如市场流动性不足、企业融资难度加大、交易制度和分层政策差异化制度不完善等,严重阻碍了市场融资功能的发挥,对企业挂牌吸引力下降,优质企业流失严重。

(一)企业挂牌意愿下降,优质企业加速流失

2017年,中关村新三板扩容速度显著降低,新增公司数量(230家)远低于2016年数量(721家)。与此同时,终止挂牌公司数量猛增,同全国新三板市场发展趋势相同,中关村新三板市场也出现"摘牌潮",86家企业终止挂牌,其中有37家(占摘牌企业数量的43%)企业2016年净利润超过1000万元。究其原因,市场的流动性不足造成较差的融资效果与企业因挂牌而产生的额外成本不对等,促使部分优质企业主动离开新三板市场以降低经营成本。同时,基于全国股转系统逐步完善且更为细化的摘牌规则、交易规则等,也有一部分企业因运营不规范被市场淘汰。

(二)市场流动性不足,企业融资困境加剧

流动性不足一直是新三板市场存在的问题,中关村新三板企业也难以避免这一困境。2017年,有730家(占比45%)中关村新

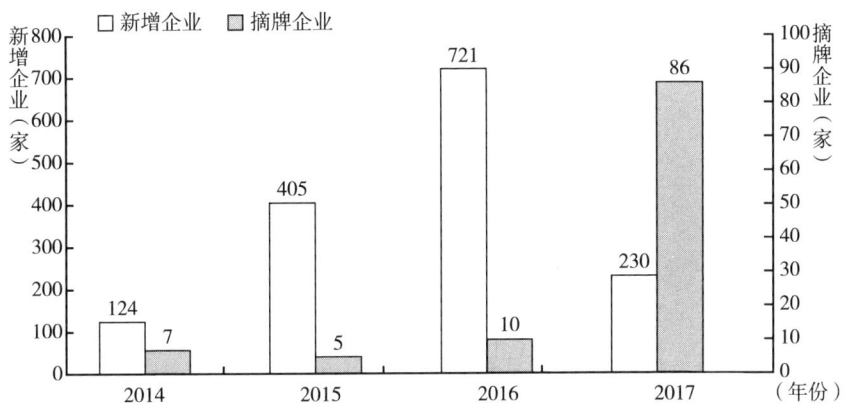

图 4　2014～2017 年中关村新三板企业新增及摘牌企业数量变化

资料来源：Wind，中关村上市公司协会整理。

三板企业股票年成交量为零，有成交量的企业大部分年成交量集中在 100 万股以下，中关村新三板市场的流动性未有明显改善。

随着新三板整体市场的持续低迷，2017 年中关村新三板企业融资活跃度也持续下降，企业总体融资难度继续加大。2017 年，中关村新三板参与定增融资的企业数量（342 家）减少 15.35%，定增次数（377 次）下降 18.40%，增发股数（26.74 亿股）减少 56.71%，增发实际募资（227.23 亿元）下降 20.35%；虽然中关村新三板企业股权质押笔数（475 笔，同比上涨 5.79%）和质押股数（69.77 亿股，同比上涨 2.95%）的绝对数量有所增加，但股权质押融资金额（150.50 亿元，同比下降 24.12%）却有所下滑，新三板股权质押融资渠道呈现收窄态势。

（三）分层机制安排不完善，不同层级权责不对等

目前新三板市场有创新层和基础层两个层级，2017 年，中关村创新层企业有 232 家，创新层企业的赢利能力、成长性和融资能力都

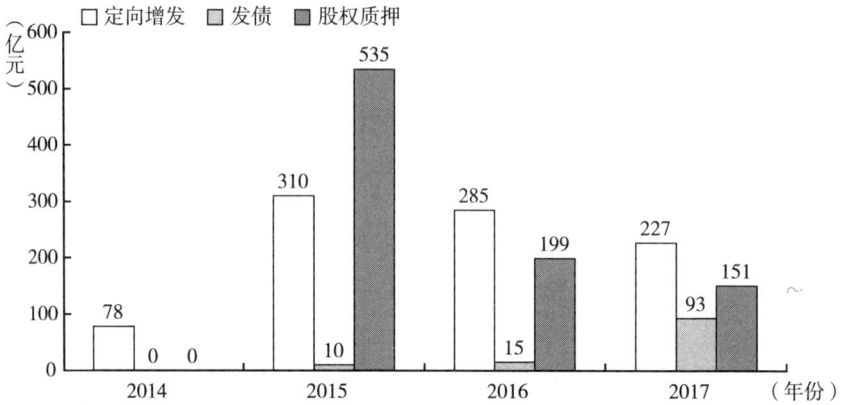

图 5　2014～2017 年中关村新三板企业各渠道融资金额变化情况

资料来源：Wind，中关村上市公司协会整理。

显著优于基础层。从理论上而言，分层之后应该是匹配差异化的制度，引导资源流向层级更高的企业。但目前实际状况是，创新层除了监管要求更高以外，其余方面跟基础层没有太多实质区别，意味着尽管创新层企业在合规方面比基础层企业付出了更多的成本，但实质上却没有获得相匹配的政策差异化待遇。这种分层制度不利于新三板市场的健康发展。

三　针对中关村新三板市场的发展建议

（一）重新明确新三板定位，着重服务科技创新型企业

自新三板扩容以来，新三板服务对象逐渐扩大化、泛化。虽然扩充了新三板企业数量，但同时也严重模糊了新三板为创新创业企业服务的市场定位，在一定程度上造成市场挂牌企业质量的参差不齐，进而出现劣币驱逐良币现象，导致新三板市场功能受阻。因而，建议借

鉴美国纳斯达克市场经验，突出科技创新特色，可以以中关村为试点，推出针对质量优异的科技型企业的专属分层，减少财务指标对企业价值评判的影响，以企业科技创新能力作为主要评价指标，回归新三板市场建立的最初定位，为创新能力最强、成长空间最大的企业引导资金，实现资源的最优配置。

（二）降低个人投资者准入门槛，同时吸引机构投资者参与新三板

现阶段新三板的主要矛盾是供需不平衡的问题，过去五年，挂牌公司数量不断增加，市场融资需求急剧上涨；与此同时，投资供给端做市商少、投资者数量偏低、投资者风险偏好较低，直接导致市场交易不活跃、流动性不足，企业融资更加困难。究其原因，除了挂牌公司本身的质量问题以外，合格投资者门槛过高是重要因素。目前新三板市场对个人投资者设置了500万元的门槛，将大部分中小投资者排除在市场之外，在一定程度上导致新三板市场交易的不活跃。因此，建议选取信誉良好、创新能力强的优质新三板企业，按照风险大小分层次降低合格个人投资者准入门槛，扩大合格个人投资者的市场规模，以改善市场买卖力量不均衡、流动性不足的局面。同时，建议尽快制定公募基金、保险基金等长期资金投资新三板的制度细则，吸引更多持有长期资金的合格机构投资者参与新三板市场。

（三）完善市场分层，制定并实施差异化的制度安排

进一步深化新三板市场改革，完善市场分层，根据不同企业的规范性、持续性、成长性等差异，在基础层、创新层的基础上进一步推出精选层，并针对不同层级研究制定并实施差异化的制度安排，包括企业挂牌标准、合格投资人条件、市场交易和融资制度、信息披露和

监管制度等,加大对"硬技术、原始创新"等科技创新领域优质企业的支持力度。

(四)加强新三板与相关金融机构的联动

小微企业的健康发展,离不开针对其经营特点和融资需求特征的创新金融产品和服务。因此,建议支持新三板加强与银行、创投等金融机构的合作,为新三板企业积极开发新的信贷产品和服务模式,满足新三板市场中小微企业的差异化需求。

此外,针对已经在新三板挂牌的企业,建议企业在加强自身规范性的同时,应努力提升企业的专业水准和技术优势,打造核心竞争力,同新三板市场的升级和优质企业的红利共同成长壮大。

参考文献

尹卫东、董小英、胡燕妮、郭伟琼:《中关村模式:科技+资本双引擎驱动》,北京大学出版社,2017。

中关村上市公司协会:《2017年中关村上市公司竞争力报告》,2017。

《着力推动实体经济提质增效——全国政协"发展实体经济,提高供给体系质量"专题协商会发言摘编》,《人民政协报》2018年7月11日。

王吉培等:《中国新三板市场发展报告(2016)》,社会科学文献出版社,2016。

市场运营篇

Market Operating Reports

B.2 2017年中关村新三板市场发展概况研究报告

中关村上市公司协会研究部*

摘　要： 中关村是新三板的发源地，其后新三板的每一次重大变革都与中关村新三板紧密相关。本报告从挂牌公司数量、股票交易状况两个维度进一步分析了中关村新三板市场的现有发展规模，呈现了中关村新三板的发展脉络，为理解其未来的发展方向提供基础。

关键词： 挂牌公司数量　股票成交量　中关村新三板

---

* 本文由中关村上市公司协会研究部完成，主要执笔人：陈红，中关村上市公司协会研究部主任，负责中关村区域经济研究工作；葛琰，中关村上市公司协会助理研究员，主要从事中关村区域经济研究工作；王和平，中国人民大学管理学学士。

一 挂牌公司数量状况

（一）挂牌公司数量状况

截至2017年12月31日，中关村新三板挂牌公司数量为1618家，同比上涨9.84%，远低于2016年的增幅（94.33%）。2017年，中关村新增挂牌公司230家，相比2016年的新增挂牌企业数量（721家）减少68.10%（见图1）。

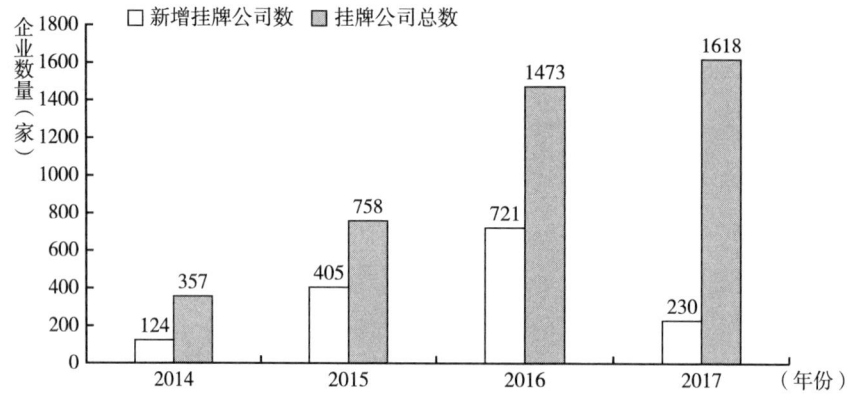

图1 2014~2017年中关村新三板挂牌公司数量情况

资料来源：Wind，中关村上市公司协会整理。

从分层来看，2017年，中关村创新层企业[①]232家，占中关村新三板挂牌公司数量的14.34%，占全国创新层企业数量（1353家）的17.15%，居于全国第二位。广东省以238家居于第一名，占全国创新层企业数量（1353家）的17.59%（见图2）。

从股票交易方式来看，1618家中关村新三板企业当中，采取协

---

① 本报告中创新层企业数量，截至2017年12月31日，以万德资讯新三板企业"所属分层"中仍处于创新层的企业数为准。

议转让的有1401家，占比86.59%；采取做市转让的有217家，占比13.41%（见图3）。

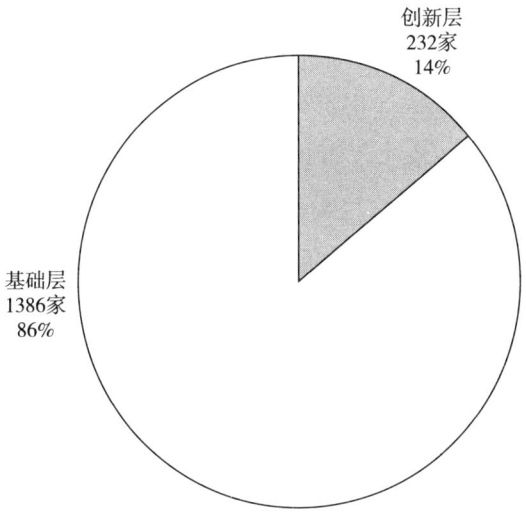

图2　2017年中关村新三板企业分层状况

资料来源：Wind，中关村上市公司协会整理。

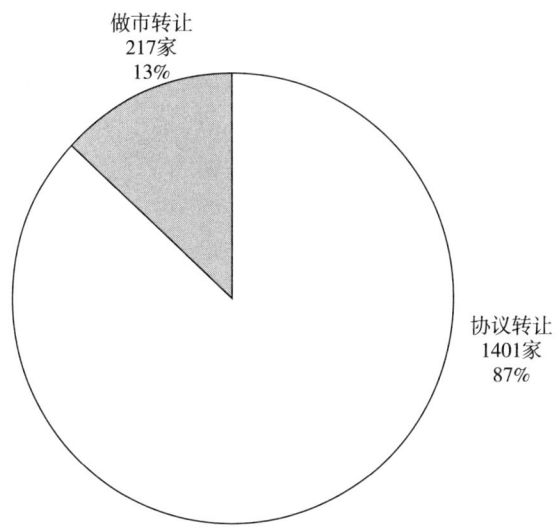

图3　中关村新三板公司股票交易方式分布状况

资料来源：Wind，中关村上市公司协会整理。

（二）终止挂牌公司状况

2017年，全国新三板市场共有709家企业摘牌，摘牌数较2016年增长超过10倍，中关村新三板市场也出现了"摘牌潮"的情况。2017年，中关村共有86家新三板公司终止挂牌（见表1）。其中，有28家因公司生产经营调整而摘牌，有2家因被上市公司吸收合并而摘牌，有8家因暂停上市后未定期披露报告而被摘牌，此外，还有2家因打算转板上市而摘牌，因其他不符合挂牌情形而摘牌的有46家（见图4、图5）。

表1　2017年中关村新三板公司终止挂牌情况

序号	代码	名称	退市日期	终止上市原因
1	870748.OC	御心堂(退市)	2017-07-03	暂停上市后未披露定期报告
2	870342.OC	东方飞扬(退市)	2017-07-03	暂停上市后未披露定期报告
3	839959.OC	倍肯科技(退市)	2017-08-18	其他不符合挂牌的情形
4	870089.OC	爱普新媒(退市)	2017-08-28	其他不符合挂牌的情形
5	870060.OC	信诺时代(退市)	2017-08-01	吸收合并
6	839628.OC	微媒互动(退市)	2017-05-04	生产经营调整
7	839619.OC	诺斯曼(退市)	2017-05-11	其他不符合挂牌的情形
8	839404.OC	宸瑞股份(退市)	2017-07-03	暂停上市后未披露定期报告
9	838382.OC	文安智能(退市)	2017-06-06	生产经营调整
10	839070.OC	伊美尔(退市)	2017-03-07	其他不符合挂牌的情形
11	838610.OC	九州风行(退市)	2017-12-13	其他不符合挂牌的情形
12	838890.OC	网酒网(退市)	2017-07-27	生产经营调整
13	838509.OC	环球拓业(退市)	2017-07-03	暂停上市后未披露定期报告
14	839124.OC	中壤建设(退市)	2017-07-07	其他不符合挂牌的情形
15	838710.OC	军懋科技(退市)	2017-12-01	其他不符合挂牌的情形
16	838640.OC	雄鹰教育(退市)	2017-12-12	其他不符合挂牌的情形
17	838380.OC	文都教育(退市)	2017-08-31	生产经营调整
18	838660.OC	库客音乐(退市)	2017-11-20	生产经营调整
19	838013.OC	花开富贵(退市)	2017-11-13	生产经营调整
20	837973.OC	众享互动(退市)	2017-05-05	生产经营调整

续表

序号	代码	名称	退市日期	终止上市原因
21	837675.OC	东方网信(退市)	2017-06-27	生产经营调整
22	835923.OC	德青源(退市)	2017-08-24	其他不符合挂牌的情形
23	837625.OC	速途网络(退市)	2017-08-18	其他不符合挂牌的情形
24	837292.OC	永信至诚(退市)	2017-12-13	其他不符合挂牌的情形
25	837329.OC	森途教育(退市)	2017-11-07	生产经营调整
26	837039.OC	奥达清(退市)	2017-10-23	其他不符合挂牌的情形
27	837243.OC	天学网(退市)	2017-12-13	其他不符合挂牌的情形
28	836752.OC	生光谷(退市)	2017-07-12	其他不符合挂牌的情形
29	836615.OC	白鹭科技(退市)	2017-11-03	生产经营调整
30	836705.OC	精准传媒(退市)	2017-07-14	其他不符合挂牌的情形
31	836334.OC	清投智能(退市)	2017-12-13	其他不符合挂牌的情形
32	836424.OC	美通互动(退市)	2017-10-20	其他不符合挂牌的情形
33	836320.OC	慧博云通(退市)	2017-08-21	其他不符合挂牌的情形
34	836197.OC	千永股份(退市)	2017-08-18	其他不符合挂牌的情形
35	835956.OC	浦华环保(退市)	2017-07-17	其他不符合挂牌的情形
36	836427.OC	倍乐股份(退市)	2017-07-12	其他不符合挂牌的情形
37	836285.OC	点众科技(退市)	2017-04-11	生产经营调整
38	835998.OC	多牛传媒(退市)	2017-09-12	生产经营调整
39	835686.OC	倍杰特(退市)	2017-11-17	其他不符合挂牌的情形
40	835971.OC	尚睿通(退市)	2017-09-01	生产经营调整
41	835797.OC	能动教育(退市)	2017-07-19	生产经营调整
42	835768.OC	中数智汇(退市)	2017-05-17	其他不符合挂牌的情形
43	835777.OC	易光达(退市)	2017-07-03	暂停上市后未披露定期报告
44	835713.OC	天阳科技(退市)	2017-06-07	生产经营调整
45	835420.OC	锋尚传媒(退市)	2017-03-21	其他不符合挂牌的情形
46	835524.OC	中岩大地(退市)	2017-10-10	其他不符合挂牌的情形
47	835251.OC	嘉华美瑞(退市)	2017-11-06	其他不符合挂牌的情形
48	835201.OC	奥美达(退市)	2017-09-15	其他不符合挂牌的情形
49	834455.OC	奥吉通(退市)	2017-12-08	其他不符合挂牌的情形
50	835079.OC	全美在线(退市)	2017-10-11	其他不符合挂牌的情形
51	835055.OC	乐享方登(退市)	2017-10-19	其他不符合挂牌的情形
52	834717.OC	天天美尚(退市)	2017-07-20	其他不符合挂牌的情形
53	834932.OC	麒麟文化(退市)	2017-10-25	其他不符合挂牌的情形

续表

序号	代码	名称	退市日期	终止上市原因
54	834923.OC	德达物流(退市)	2017-02-08	生产经营调整
55	834603.OC	中清能(退市)	2017-08-07	生产经营调整
56	834161.OC	万象娱通(退市)	2017-08-18	其他不符合挂牌的情形
57	834355.OC	华麒通信(退市)	2017-12-29	吸收合并
58	833714.OC	安世亚太(退市)	2017-11-29	其他不符合挂牌的情形
59	833919.OC	酒仙网(退市)	2017-06-30	生产经营调整
60	833933.OC	ST优服(退市)	2017-08-31	生产经营调整
61	833915.OC	建云科技(退市)	2017-08-29	其他不符合挂牌的情形
62	833406.OC	中税网(退市)	2017-07-17	其他不符合挂牌的情形
63	833401.OC	鸿合智能(退市)	2017-03-08	其他不符合挂牌的情形
64	833354.OC	易物恒通(退市)	2017-07-14	其他不符合挂牌的情形
65	833309.OC	慧辰资讯(退市)	2017-12-29	生产经营调整
66	833322.OC	广通软件(退市)	2017-10-25	其他不符合挂牌的情形
67	833150.OC	安宁创新(退市)	2017-11-08	生产经营调整
68	833010.OC	盛景网联(退市)	2017-07-14	其他不符合挂牌的情形
69	832979.OC	弘天生物(退市)	2017-07-31	其他不符合挂牌的情形
70	832639.OC	正和生态(退市)	2017-12-11	其他不符合挂牌的情形
71	832338.OC	博克森(退市)	2017-12-21	其他不符合挂牌的情形
72	832087.OC	凯伯特(退市)	2017-08-31	其他不符合挂牌的情形
73	832051.OC	证券传媒(退市)	2017-07-03	暂停上市后未披露定期报告
74	831864.OC	华夏未来(退市)	2017-11-01	暂停上市后未披露定期报告
75	831653.OC	耐诺邦(退市)	2017-07-03	暂停上市后未披露定期报告
76	831560.OC	盈建科(退市)	2017-11-08	其他不符合挂牌的情形
77	831420.OC	北信得实(退市)	2017-08-31	生产经营调整
78	831138.OC	光影侠(退市)	2017-03-30	其他不符合挂牌的情形
79	831008.OC	百华悦邦(退市)	2017-12-25	转板上市
80	830766.OC	博锐尚格(退市)	2017-11-15	生产经营调整
81	430720.OC	东方炫辰(退市)	2017-07-10	生产经营调整
82	430310.OC	博易股份(退市)	2017-09-27	生产经营调整
83	430162.OC	聚利科技(退市)	2017-08-24	转板上市
84	430121.OC	英福美(退市)	2017-07-11	生产经营调整
85	430035.OC	中兴通融(退市)	2017-05-04	生产经营调整
86	430036.OC	鼎普科技(退市)	2017-09-29	生产经营调整

资料来源：Wind，中关村上市公司协会整理。

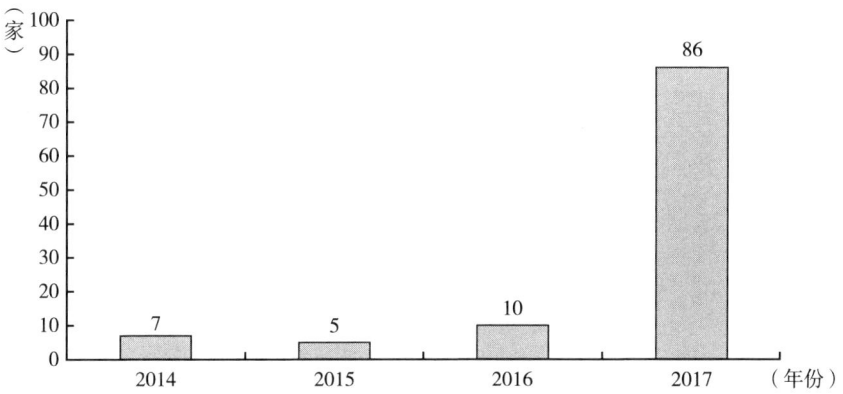

图4　2014～2017年中关村新三板企业摘牌数量

资料来源：Wind，中关村上市公司协会整理。

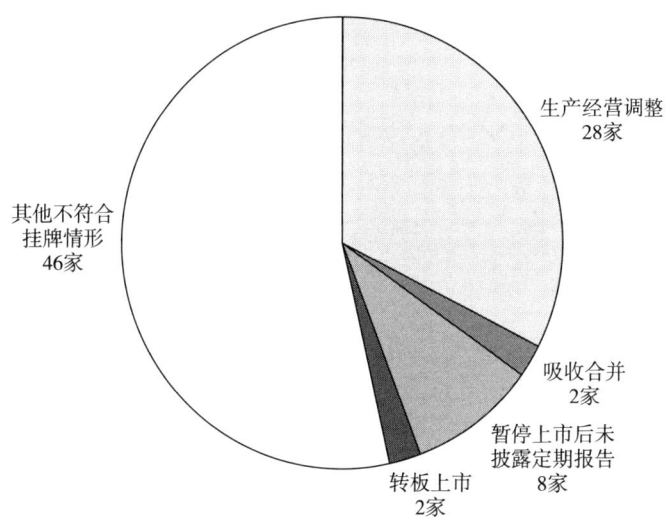

图5　2017年中关村新三板企业终止挂牌情况

资料来源：Wind，中关村上市公司协会整理。

和2014年7家企业终止挂牌、2015年5家企业终止挂牌、2016年10家企业终止挂牌的情况相比，2017年中关村新三板公司终止挂牌的公司数量猛增。原因主要在于：第一，新三板市场的流动性不足，企业无法在较短时间内看见融资的效果；第二，挂牌费用及券商督导费、会计师事务所审计费、律师事务所服务费等费用造成的高成本，促使部分优质企业主动离开新三板市场以节省经营成本；第三，股转系统开始制定更为细化的摘牌规则、交易规则等，使许多不规范企业被强制摘牌。

二 股票成交量状况

2017年，有888家（占比54.88%）中关村新三板企业参与了交易，全年成交量为73.90亿股，成交额为390.07亿元，成交量和成交额的增幅分别为17.46%、11.11%（见图6）。

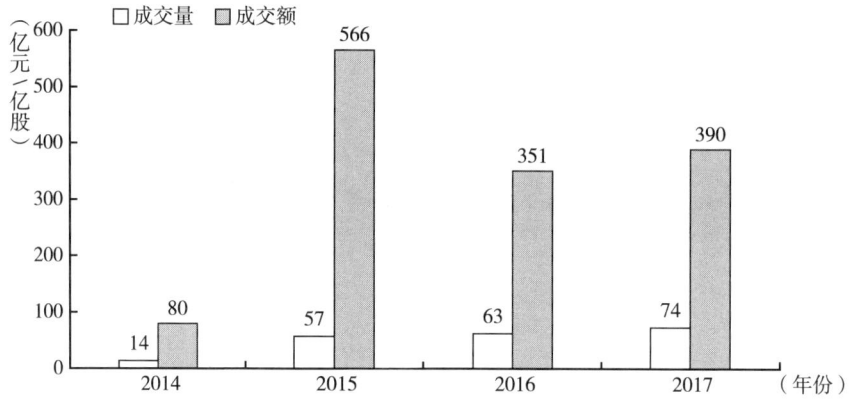

图6 2014~2017年中关村新三板年成交量与成交额变化情况

资料来源：Wind，中关村上市公司协会整理。

从市场活跃度来看，45%的中关村新三板企业股票年成交量为零。2017年，中关村新三板市场年成交量规模超过1000万股的公司有125家（占比8%），年成交量在500万~1000万股的公司有120家（占比7%），年成交量在100万~500万股的公司有292家（占比18%），年成交量在0~100万股的公司有351家（占比22%）；年成交量为零的公司有 730 家（占比 45%）。数据显示，绝大部分企业的年成交量集中在 100 万股以下（见图 7）。

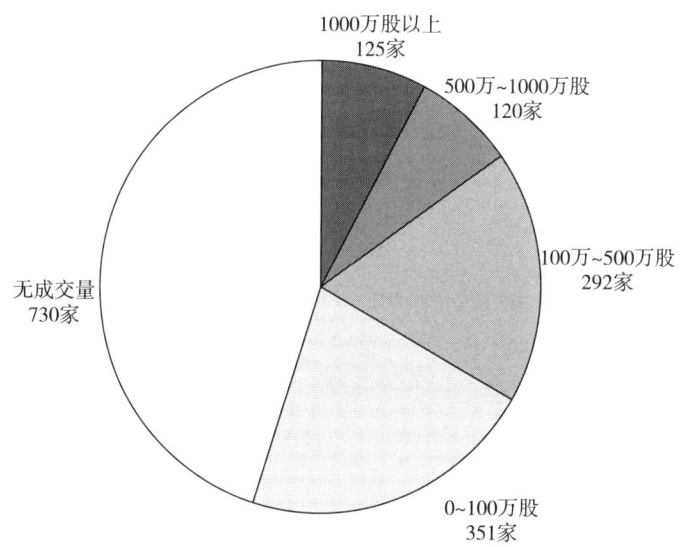

图 7　2017 年中关村新三板企业年成交量分布状况

资料来源：Wind，中关村上市公司协会整理。

从分层情况来看，创新层交易情况总体较基础层更为活跃。对创新层和基础层交易状况进行对比，2017 年发生交易的 888 家企业中，创新层有 200 家，基础层有 688 家，其中创新层企业中 86% 有过交易，基础层企业中发生交易的占比为 50%。创新层企业产生的成交量为 30.97 亿股、成交额为 220.71 亿元；基础层企业产生的成交量为 42.94 亿股、成交额为 169.35 亿元。

从股票交易方式来看，做市转让的交易情况总体较协议转让更为活跃。对采取协议转让和做市转让股票交易方式企业的交易状况进行对比，2017 年发生交易的 888 家企业中，采取协议转让的有 679 家，采取做市转让的有 209 家，其中采取协议转让的企业 48% 有过交易，采取做市转让的企业中发生交易的占比为 96%。在有成交量的企业当中,协议转让产生的成交量为48亿股、成交额为261亿元,做市转让成交量为26亿股、成交额为129亿元。

参考文献

何诚颖、孙永苑、刘英、张昀、刘海洁:《新三板市场交易机制与流动性研究》,《金融监管研究》2018年第5期。

周炯:《新三板市场股票流动性影响因素实证分析》,北京交通大学硕士学位论文,2017。

桂浩明:《如何看待新三板的摘牌潮》,《证券时报》2018年4月21日。

B.3
2017年中关村新三板企业行业分布研究报告

中关村上市公司协会研究部*

摘　要： 本报告从数量分布、财务指标、赢利能力三个主要维度，总市值、总资产、员工人数、营业收入、毛利率、净利润六项主要指标，对中关村新三板企业进行行业对比分析，从而总结出中关村新三板企业在各个行业的分布情况、经营状况、赢利能力状况和行业特征。结果显示，中关村有接近四成的企业属于信息传输、软件和信息技术服务业，这一代表新兴产业的行业的总市值、营业收入、毛利润等财务数据均高于其他行业，是中关村新三板的优势行业。此外，基于中关村地区的发展历史、人文环境及政策支持等因素，拥有成熟技术与市场的高端制造业同样是中关村新三板的优势行业。总结来看，中关村新经济企业聚集，优势行业成长潜力巨大。

关键词： 中关村新三板　行业分布　财务指标对比　赢利能力

一　行业分布概况

根据全国中小股份转让系统公布的《挂牌公司管理型分类结果》

---

* 本文由中关村上市公司协会研究部完成，主要执笔人：陈红，中关村上市公司协会研究部主任，负责中关村区域经济研究工作；葛琰，中关村上市公司协会助理研究员，主要从事中关村区域经济研究工作。

（截至 2017 年 12 月 31 日），将中关村 1459 家新三板公司分类为 18 个一级行业，并对"信息传输、软件和信息技术服务业""制造业""租赁和商务服务业""科学研究和技术服务业"等重点行业进行行业细分，分类结果显示，"软件和信息技术服务业""互联网和相关服务""商务服务业"等二级行业分布较为集中，是中关村新三板企业的重点行业。其中，"软件和信息技术服务业"企业最为集中，对其进一步分类可以看出，该行业下属的子行业中，以"软件开发"和"信息系统集成服务"两个三级行业最为集中（见表1）。

表 1　2017 年行业分布概况

一级行业	企业数量（家）	二级行业	企业数量（家）	三级行业	企业数量（家）
信息传输、软件和信息技术服务业	571	软件和信息技术服务业	428	软件开发	211
				信息系统集成服务	132
				其他信息技术服务业	26
				数据处理和存储服务	30
				信息技术咨询服务	21
				软件和信息技术服务业	4
				集成电路设计	4
		互联网和相关服务	132	互联网信息服务	86
				其他互联网服务	35
				互联网接入及相关服务	8
				互联网和相关服务	3
		电信、广播电视和卫星传输服务	11	电信	11
制造业	308	专用设备制造业	60	环保、社会公共服务及其他专用设备制造	26
				医疗仪器设备及器械制造	13
				采矿、冶金、建筑专用设备制造	9
				电子和电工机械专用设备制造	4
				其他	8

续表

一级行业	企业数量（家）	二级行业	企业数量（家）	三级行业	企业数量（家）
制造业	308	计算机、通信和其他电子设备制造业	59	计算机制造	18
				通信设备制造	12
				其他电子设备制造	8
				电子器件制造	8
				广播电视设备制造	5
				电子元件制造	4
				其他	4
		电气机械和器材制造业	33	输配电及控制设备制造	19
				家用电力器具制造	6
				其他	8
		仪器仪表制造业	39	专用仪器仪表制造	13
				专用仪器仪表制造	13
				通用仪器仪表制造	12
				其他仪器仪表制造	1
		通用设备制造业	22	烘炉、风机、衡器、包装等设备制造	6
				泵、阀门、压缩机及类似机械制造	5
				其他	11
		医药制造业	19	生物药品制造	9
				化学药品制剂制造	3
				其他	7

续表

一级行业	企业数量（家）	二级行业	企业数量（家）	三级行业	企业数量（家）
制造业	308	化学原料和化学制品制造业	20	专用化学产品制造	5
				合成材料制造	4
				肥料制造	4
				其他	7
		非金属矿物制品业	14	石膏、水泥制品及类似制品制造	4
				石墨及其他非金属矿物制品制造	3
				其他	7
		其他制造业	42		42
租赁和商务服务业	147	商务服务业	145	其他商务服务业	47
				广告业	37
				咨询与调查	38
				旅行社及相关服务	13
				其他	10
		租赁业	2	机械设备租赁	2
科学研究和技术服务业	94	专业技术服务业	49	其他专业技术服务业	19
				工程技术	17
				质检技术服务	6
				测绘服务	4
				地质勘探	2
				环境与生态监测	1
		科技推广和应用服务业	33	技术推广服务	27
				其他	6
		研究和试验发展	12	医学研究和试验发展	10
				其他	2

续表

一级行业	企业数量（家）	二级行业	企业数量（家）	三级行业	企业数量（家）
文化、体育和娱乐业	91	广播、电视、电影和影视录音制作业	53	电影和影视节目制作	42
				电影和影视节目发行	7
				其他	4
		文化艺术业	17	其他文化艺术业	11
				文艺创作与表演	4
				其他	2
		体育	10	其他体育	5
				休闲健身活动	3
				体育组织	2
		新闻和出版业	8	出版业	7
				新闻和出版业	1
		娱乐业	3	其他娱乐业	2
				彩票活动	1
批发和零售业	77	批发业	41	机械设备、五金产品及电子产品批发	11
				医药及医疗器材批发	13
				其他	17
		零售业	36	货摊、无店铺及其他零售业	16
				文化、体育用品及器材专门零售	6
				其他	14
教育	38	教育	38	技能培训、教育辅助及其他教育	37
				学前教育	1
建筑业	26	建筑装饰和其他建筑业	15	建筑装饰业	10
				其他	5
		建筑安装业	8	电气安装	2
				管道和设备安装	2
				其他建筑安装业	4
		其他	3		3

续表

一级行业	企业数量（家）	二级行业	企业数量（家）	三级行业	企业数量（家）
水利、环境和公共设施管理业	22	生态保护和环境治理业	22	环境治理业	22
金融业	18	资本市场服务	10	证券市场服务	6
				其他	4
		保险业	4	保险经纪与代理服务	4
		其他金融业	4		4
居民服务、修理和其他服务业	13	其他服务业	8	清洁服务	2
				其他未列明服务业	6
		居民服务	4	婚姻服务	2
				其他	2
		机动车、电子产品和日用产品修理业	1	汽车、摩托车修理与维护	1
采矿业	10	开采辅助活动	9	石油和天然气开采辅助活动	9
		石油和天然气开采业	1	石油开采	1
交通运输、仓储和邮政业	10	装卸搬运和运输代理业	6	运输代理业	6
		道路运输业	3	道路货物运输	3
		水上运输业	1	水上货物运输	1
卫生和社会工作	8	卫生	7	其他卫生活动	3
				医院	2
				门诊部（所）	2
		社会工作	1	提供住宿社会工作	1
电力、热力、燃气及水生产和供应业	8	电力、热力生产和供应业	4	电力生产	2
				热力生产和供应	2
		水的生产和供应业	4	污水处理及其再生利用	3
				自来水生产和供应	1

续表

一级行业	企业数量（家）	二级行业	企业数量（家）	三级行业	企业数量（家）
房地产业	8	房地产业	8	物业管理	8
农、林、牧、渔业	7	农、林、牧、渔服务业	2	农业服务业	1
				畜牧服务业	1
		农业	4	蔬菜、食用菌及园艺作物种植	2
				豆类、油料和薯类种植	1
				谷物种植	1
		畜牧业	1	牲畜饲养	1
住宿和餐饮业	3	餐饮业	3	快餐服务	2
				正餐服务	1

资料来源：Wind，中关村上市公司协会整理。

以上分类结果显示，以"软件开发""信息系统集成服务""互联网信息服务"等行业企业为代表的"信息传输、软件和信息技术服务业"，以"专用设备制造业""计算机、通信和其他电子设备制造业"等行业企业为代表的"制造业"，以"商务服务业"企业为代表的"租赁和商务服务业"为中关村新三板的重点行业。同时，"科学研究和技术服务业""文化、体育和娱乐业""批发和零售业"等行业同样分布较为集中。

中关村地区新三板企业行业分布所显现的特征与中关村地区的发展历史、人文环境及政策支持具有不可分割的联系。其中，信息技术一直以来就是中关村的典型名片，经过多年不断地转型发展，大量中关村的新三板企业聚焦在行业专业软件开发与信息系统集成领域，形成了以创新推动的聚集经济。大量科研院所聚集推动了中关村地区高端制造业的发展，"专业设备制造业"等行业大量拥有

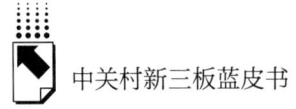

成熟技术与市场的企业的聚集,是中关村地区与其他高新区显著的区别。中关村是创新创业的策源地,也是我国经济最活跃的区域之一,商务服务业作为支撑行业,在活跃的经济环境中成长,也在推动着中关村的经济发展。

二 各行业财务指标比较

从一级行业分类来看,中关村新三板优势行业占据主导地位,其余行业分布较为均匀。

从规模上看,信息传输、软件和信息技术服务业总市值最多,占总市值的32.86%,金融业总市值占总量的25.25%,且金融业平均市值远超其他行业,达到95.78亿元,其次分别为租赁和商务服务业、制造业,行业市值合计分别占总市值的11.19%和11.03%。资产方面,金融业行业规模最大,其总资产占整个中关村新三板公司总资产的33.09%,信息传输、软件和信息技术服务业则占据18.63%,租赁和商务服务业与制造业分别占据15.27%和14.67%,其余行业占比均在5%以下。排除金融业特殊的行业性质,市值、资产分布情况与企业数量分布的重合表明"信息传输、软件和信息技术服务业""租赁和商务服务业""制造业"的主导地位。

就从业人员角度而言,信息传输、软件和信息技术服务业员工人数达到13.63万人,占总体员工人数的47.40%;制造业达4.83万人,占总体的16.79%;其余行业员工人数占比均不超过10%。

综合来看,信息传输、软件和信息技术服务业、制造业及租赁和商务服务业在规模方面均优于多数其他行业,表明这三个行业在中关村新三板企业整体中的优势地位;从平均数看,金融业各项均值远超其他行业,与金融业自身行业特性相符(见表2)。

表 2 2017 年中关村新三板各行业财务指标情况

	总市值(亿元)		总资产(亿元)		员工人数(人)	
	总数	平均数	总数	平均数	总数	平均数
信息传输、软件和信息技术服务业	2243.75	3.93	891.46	1.56	136361	239
金融业	1723.99	95.78	1583.38	87.97	10079	560
租赁和商务服务业	764.20	5.20	730.98	4.97	18575	126
制造业	753.20	2.55	702.06	2.38	48306	164
文化、体育和娱乐业	487.95	5.36	204.08	2.24	10079	111
科学研究和技术服务业	293.02	3.12	158.60	1.69	17537	187
批发和零售业	219.76	2.85	221.83	2.88	12094	157
建筑业	102.65	3.95	74.27	2.86	4513	174
教育	68.29	1.80	27.09	0.71	6672	176
水利、环境和公共设施管理业	51.37	2.33	46.75	2.12	2157	98
交通运输、仓储和邮政业	29.31	2.93	39.19	3.92	1696	170
卫生和社会工作	27.99	3.50	8.18	1.02	3419	427
电力、热力、燃气及水生产和供应业	20.57	2.57	48.55	6.07	1714	214
房地产业	13.71	1.71	19.88	2.49	10317	1290
居民服务、修理和其他服务业	13.40	1.03	6.09	0.47	1836	141
采矿业	8.32	0.83	5.77	0.58	536	54
农、林、牧、渔业	3.96	0.57	12.44	1.78	1020	146
住宿和餐饮业	2.00	0.67	5.16	1.72	753	251

资料来源：Wind，中关村上市公司协会整理。

三 各行业赢利能力分析

赢利能力角度而言，信息传输、软件和信息技术服务业总营业收入最高，占总体的29.36%，批发和零售业总营业收入占中关村新三板企业总营业收入的19.47%，制造业的总营业收入占17.49%，租赁和商务服务业占11.08%，其余行业总营业收入占比均不超过10%。金融业企业平均营业收入远高于其他行业，批发和零售业人均营业收入高于其他行业（见表3）。

表3 2017年中关村新三板各行业营业收入情况

	营业收入总数(亿元)	平均营业收入(亿元)	最高营业收入(亿元)	人均营业收入(万元/人)
信息传输、软件和信息技术服务业	710.92	98.56	1.25	52.14
批发和零售业	471.56	152.35	6.12	389.91
制造业	423.48	61.40	1.44	87.67
租赁和商务服务业	268.40	22.72	1.83	144.50
金融业	157.99	88.46	8.78	156.75
文化、体育和娱乐业	98.11	12.71	1.08	97.34
科学研究和技术服务业	76.89	5.41	0.82	43.84
建筑业	52.54	7.63	2.02	116.42
交通运输、仓储和邮政业	42.82	22.81	4.28	252.48
水利、环境和公共设施管理业	25.26	4.73	1.15	117.13
教育	23.50	5.19	0.62	35.22
房地产业	19.06	9.00	2.38	18.47
电力、热力、燃气及水生产和供应业	18.03	10.25	2.25	105.19
卫生和社会工作	11.46	3.61	1.43	33.52
农、林、牧、渔业	8.08	4.14	1.15	79.17
居民服务、修理和其他服务业	6.60	1.35	0.51	35.94
住宿和餐饮业	4.03	2.67	1.34	53.51
采矿业	2.75	0.77	0.27	51.30

资料来源：Wind，中关村上市公司协会整理。

信息传输、软件和信息技术服务业毛利润占中关村新三板企业总毛利润的35.54%，制造业占20.63%，其余行业占比均不超过10%。金融业企业平均毛利润高于其他行业，住宿和餐饮业企业毛利率最高，达到62.25%，其次为卫生和社会工作行业，企业毛利率达到48.77%，教育行业企业毛利率排名第三，为48.66%（见表4）。

2017年中关村新三板企业行业分布研究报告

表4 2017年中关村新三板各行业毛利润情况

	毛利润总计（亿元）	最大毛利润（亿元）	企业平均毛利润（亿元）	企业平均毛利率（%）
住宿和餐饮业	2.51	1.72	0.84	62.25
卫生和社会工作	5.59	1.79	0.70	48.77
教育	11.44	1.37	0.30	48.66
农、林、牧、渔业	3.62	2.22	0.52	44.82
文化、体育和娱乐业	41.77	5.22	0.46	42.58
科学研究和技术服务业	28.73	2.17	0.31	37.37
居民服务、修理和其他服务业	2.27	0.41	0.17	34.44
水利、环境和公共设施管理业	8.04	1.42	0.37	31.83
信息传输、软件和信息技术服务业	223.03	12.64	0.39	31.37
制造业	129.46	10.07	0.44	30.57
采矿业	0.83	0.18	0.08	30.20
金融业	36.66	8.45	2.04	23.20
交通运输、仓储和邮政业	9.30	5.49	0.93	21.72
电力、热力、燃气及水生产和供应业	3.86	1.14	0.48	21.42
租赁和商务服务业	57.45	7.38	0.39	21.40
房地产业	3.62	1.31	0.45	19.02
建筑业	9.30	1.20	0.36	17.69
批发和零售业	50.11	11.33	0.65	10.63

资料来源：Wind，中关村上市公司协会整理。

净利润方面，金融业净利润最高，达到38.92亿元，"制造业"和"信息传输、软件和信息技术服务业"分别为23.22亿元和22.26亿元。金融业企业平均净利润远高于其他行业，人均净利润同样高于其他行业（见表5）。

表 5 2017年中关村新三板各行业净利润情况

	净利润总计（亿元）	最大净利润（亿元）	企业平均净利润(亿元)	企业平均净利率(%)	人均净利润（万元/人）
金融业	38.92	12.57	2.16	24.63	38.61
制造业	23.22	2.97	0.08	5.48	4.81
信息传输、软件和信息技术服务业	22.26	2.33	0.04	3.13	1.63
租赁和商务服务业	21.14	6.85	0.14	7.88	11.38
文化、体育和娱乐业	16.76	3.91	0.18	17.08	16.63
批发和零售业	5.52	2.03	0.07	1.17	4.57
科学研究和技术服务业	4.57	0.99	0.05	5.94	2.61
交通运输、仓储和邮政业	2.99	1.24	0.30	6.99	17.66
水利、环境和公共设施管理业	2.18	0.45	0.10	8.63	10.11
农、林、牧、渔业	1.47	1.22	0.21	18.17	14.39
房地产业	1.32	0.54	0.16	6.91	1.28
建筑业	1.09	0.42	0.04	2.08	2.43
电力、热力、燃气及水生产和供应业	0.69	0.52	0.09	3.81	4.00
卫生和社会工作	0.49	0.21	0.06	4.27	1.43
住宿和餐饮业	0.28	0.22	0.09	6.96	3.72
居民服务、修理和其他服务业	-0.11	0.20	-0.01	-1.72	-0.62
采矿业	-0.29	0.06	-0.03	-10.59	-5.43
教育①	-0.62	0.61	-0.02	-2.64	-0.93

资料来源：Wind，中关村上市公司协会整理。

① 教育行业中"赢鼎教育（833173.OC）"在2017年净利润为-2.20亿元，对整个教育行业的净利润合计产生较大影响。

参考文献

全国中小企业股份转让系统有限责任公司:《挂牌公司管理型行业分类指引》,http://www.neeq.com.cn/m/hyfl01/200002145.html,2018-01-03/2018-04-17。

中关村科技园区管理委员会:《"新三驾马车"助力中关村新经济发展》,http://zgcgw.beijing.gov.cn/m/dtq/gzdt5/154568/index.html,2017-06-26/2018-04-17。

# B.4
2017年中关村新三板企业市值研究报告

中关村上市公司协会研究部*

摘　要： 本报告从总体层面、市值分布、市值排名等维度分析了中关村新三板企业的市值状况。结果显示，从总体层面来看，中关村新三板创新层企业的平均市场估值高于基础层企业；从市值分布情况来看，中关村新三板企业在数量与累计市值量间存在显著的"二八定律"现象；而从市值排名状况来看，全国新三板市场中一半的市值领先企业来自中关村；另外，剔除金融类企业，信息传输、软件和信息技术服务业企业对中关村新三板企业的市值贡献相对较高。

关键词： 中关村新三板　市值分布　市值排名

一　2017年中关村新三板公司市值总体状况

2017年12月31日，880家中关村新三板公司拥有市值占当年中关村新三板公司总数的60.86%，其余566家采取协议转让方式的公司①市值为0。566家市值为0的企业当中，有390家（占比69%）在2016年底时就因无交易量市值为0，还有176家属于2017年新挂

---

* 本文由中关村上市公司协会研究部完成，主要执笔人：陈红，中关村上市公司协会研究部主任，负责中关村区域经济研究工作；葛琰，中关村上市公司协会助理研究员，主要从事中关村区域经济研究工作；孔柳絮，中国社会科学院大学税务硕士。
① 本部分比例分析均不包括市值为0的566家企业。

牌公司。2017年12月31日，880家拥有市值的中关村新三板公司总市值达到6827.45亿元，比2016年总市值高出343亿元，同比上涨5.29%。其中，创新层企业总市值为2268.66亿元，占比33.23%；基础层企业总市值为4558.79亿元，占比66.77%。创新层企业平均市值为11.23亿元，基础层企业平均市值为3.66亿元，可见创新层企业的平均市场估值远高于基础层企业（见图1）。

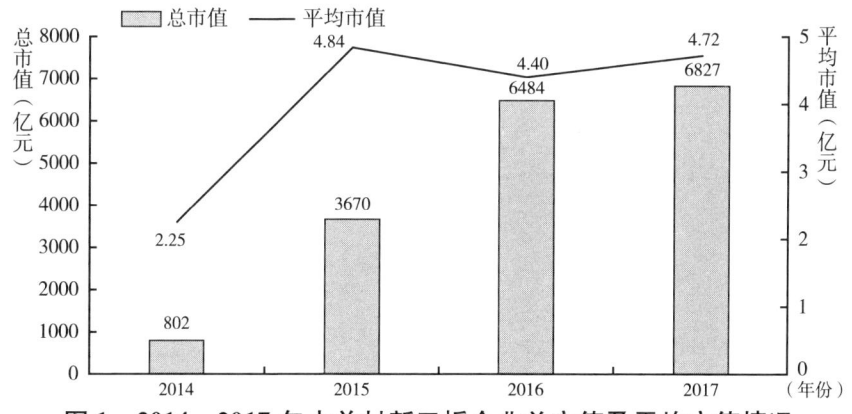

图1　2014~2017年中关村新三板企业总市值及平均市值情况

资料来源：Wind，中关村上市公司协会整理。

2017年，中关村新增214家新三板公司[①]，新增挂牌公司的市值合计为334亿元，占总市值增量的97.38%。剔除新增的挂牌公司，原有的1232家中关村新三板公司市值合计为6493亿元，与2016年总市值6484亿元相比几无增长。表明，2017年中关村新三板公司总市值的增长主要来自新增挂牌公司的市值贡献。

二　2017年中关村新三板公司市值分布状况

从总体的市值分布结构来看，中关村新三板公司在分布数量与累

[①] 2017年，中关村新增挂牌公司230家，截至2018年5月2日，披露2017年年报的新增挂牌公司为214家。

计市值量间存在显著的"二八定律"现象,即约前20%的企业市值达到总市值的80%。6.80亿元以上企业共171家,占有市值的公司数量的19.43%,而其累计市值占总市值的80.05%。这一特征表明,中关村新三板企业已存在少量体量相对较大的成熟企业和稳健的中坚力量,同时也有大量企业还具有较大的成长空间(见图2)。

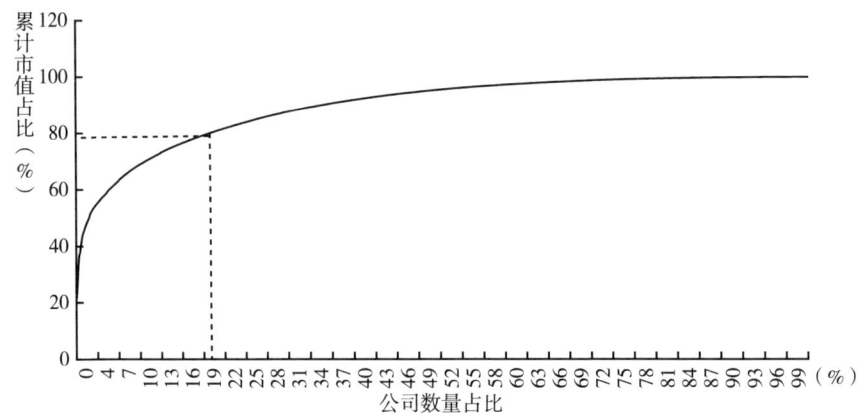

图2　2017年中关村新三板企业市值分布情况

资料来源:Wind,中关村上市公司协会整理。

三　2017年中关村新三板公司市值排名状况

2017年底,市值排名前30名的中关村新三板公司累计市值达到3705.16亿元,占总市值的54.27%,进入市值前30名的基准市值为25.89亿元。在全国市值排名前10名的新三板公司中,有一半为中关村新三板公司(九鼎集团、神州优车、首航直升、信中利、中投保),其累计市值为2239.42亿元,占全国新三板公司前10名总市值的67.38%。以上表明,全国新三板市场中一半的市值领先企业来自中关村,中关村优秀的新三板公司是全国新三板市场中的主力军(见图3)。

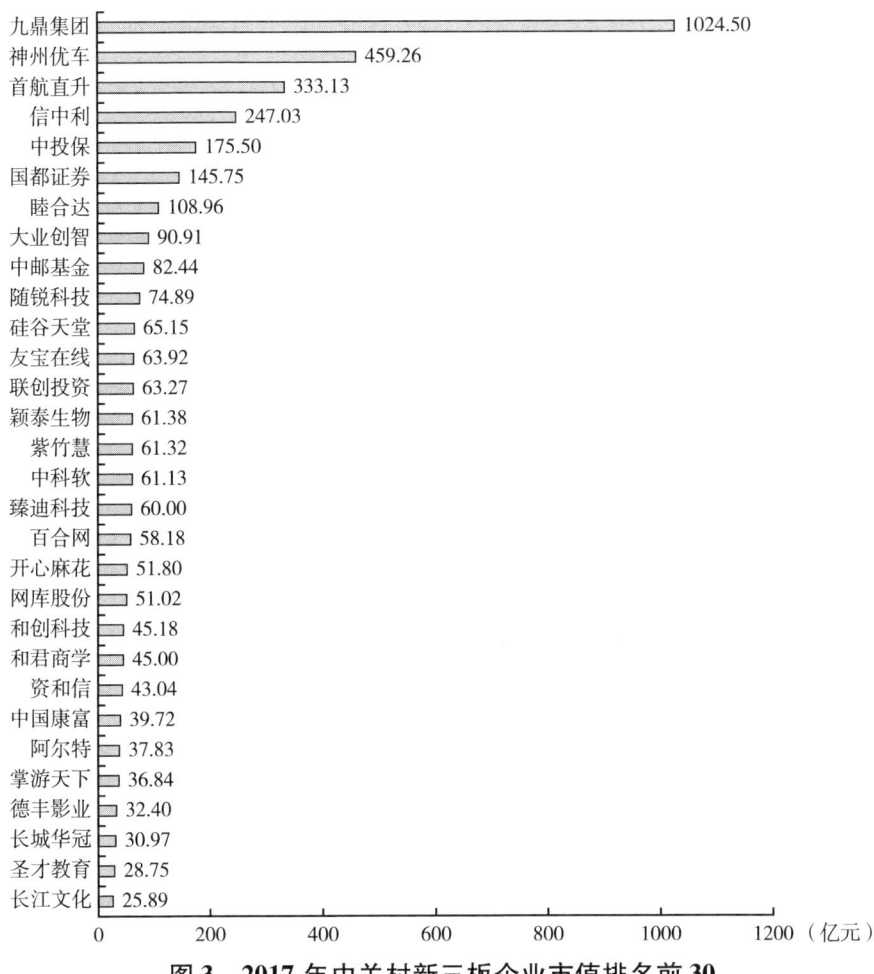

图3 2017年中关村新三板企业市值排名前30

资料来源：Wind，中关村上市公司协会整理。

剔除掉金融类企业①，2017年底，中关村新三板企业市值排名前30的公司累计市值达到2032.37亿元，占非金融企业总市值的41.72%，进入

---

① 本报告所涉及的金融类企业指：依据全国中小企业股份转让系统挂牌公司管理型行业分类指引，在中关村新三板企业中筛选出门类为"金融业"、门类为"租赁和商务服务业"且种类为"租赁业"，以及门类为"租赁和商务服务业"且种类为与金融业务相关的"商务服务业"企业。共剔除22家金融类企业，占统计企业总数的1.52%。22家金融类企业市值合计达到1955.73亿元（占比28.65%）。

非金融企业市值前30名的基准市值为22.25亿元。中关村新三板非金融企业市值排名前30名的公司中有11家企业属于信息传输、软件和信息技术服务业，包含神州优车、睦合达、随锐科技、中科软、百合网、网库股份、和创科技、掌游天下、指南针、北森云、亿海蓝，市值合计967.53亿元，占中关村非金融企业市值前30名总市值的47.61%，显示信息传输、软件和信息技术服务业企业对中关村新三板企业的市值贡献巨大（见图4）。

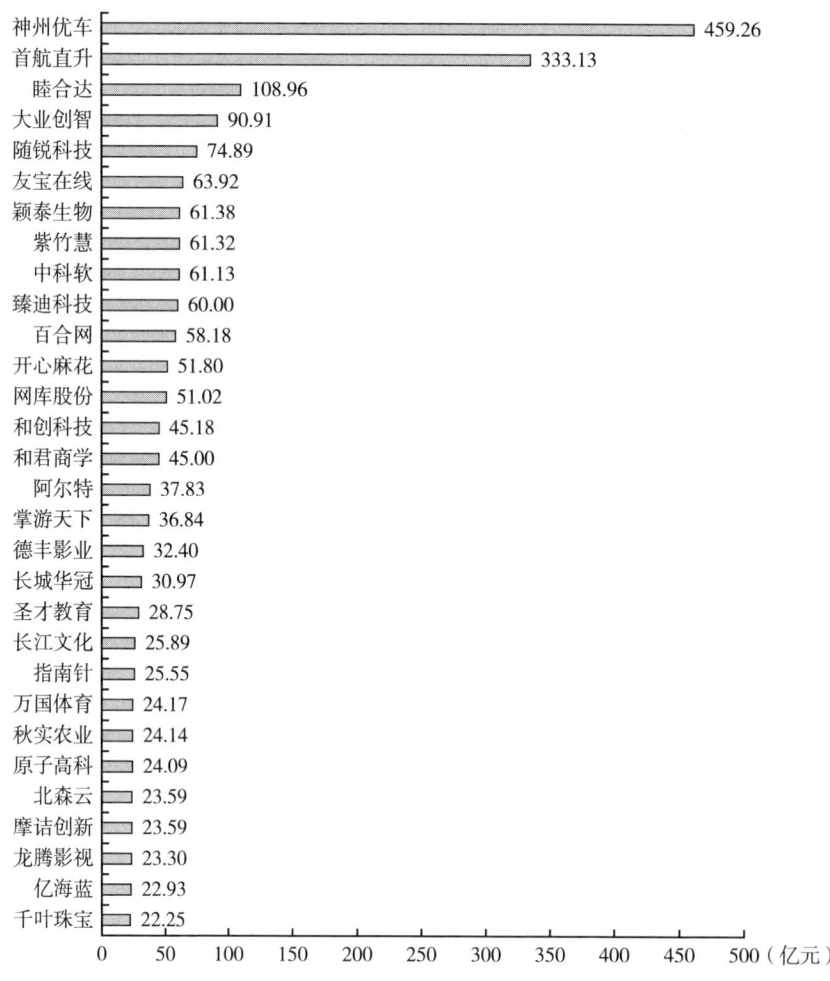

图4　2017年中关村新三板非金融企业市值排名前30

资料来源：Wind，中关村上市公司协会整理。

2017年底,中关村新三板非金融企业市值排名前30中,有14家企业新进市值前30排行榜,其中6家企业2016年底市值为0,分别为:首航直升、大业创智、紫竹慧、掌游天下,德丰影业和万国体育。维持在市值前30排行榜的有16家企业。9家排名提升,5家维持2016年的排名,2家企业排名下降(见表1)。

表1 中关村新三板非金融企业市值变化状况

证券代码	证券简称	挂牌日期	2017年市值排名	2016年市值排名	市值排名变化	2017年底市值(亿元)	2016年底市值(亿元)	市值变化
838006.OC	神州优车	2016/7/22	1	1	维持	459	422	增长
832494.OC	首航直升	2015/5/22	2	—	新进	333	0	增长
836801.OC	睦合达	2016/4/11	3	9	上升	109	58	增长
839242.OC	大业创智	2016/10/14	4	—	新进	91	0	增长
835990.OC	随锐科技	2016/3/2	5	6	上升	75	70	增长
836053.OC	友宝在线	2016/2/24	6	11	上升	64	52	增长
833819.OC	颖泰生物	2015/10/20	7	8	上升	61	66	下滑
834243.OC	紫竹慧	2015/11/11	8	—	新进	61	0	增长
430002.OC	中科软	2006/1/23	9	16	上升	61	41	增长
837335.OC	臻迪科技	2016/5/24	10	—	新进	60	22	增长
834214.OC	百合网	2015/11/20	11	7	下滑	58	66	下滑
835099.OC	开心麻花	2015/12/29	12	12	维持	52	52	维持
834984.OC	网库股份	2015/12/21	13	13	维持	51	50	增长
834218.OC	和创科技	2015/11/13	14	14	维持	45	45	维持
831930.OC	和君商学	2015/2/5	15	15	维持	45	45	维持
836019.OC	阿尔特	2016/3/23	16	23	上升	38	29	增长
836014.OC	掌游天下	2016/2/25	17	—	新进	37	0	增长
839797.OC	德丰影业	2016/11/22	18	—	新进	32	0	增长
833581.OC	长城华冠	2015/9/22	19	26	上升	31	26	增长
831611.OC	圣才教育	2015/1/9	20	24	上升	29	29	维持
837747.OC	长江文化	2016/6/22	21	—	新进	26	22	增长
430011.OC	指南针	2007/1/23	22	29	上升	26	26	下滑

续表

证券代码	证券简称	挂牌日期	2017年市值排名	2016年市值排名	市值排名变化	2017年年底市值（亿元）	2016年年底市值（亿元）	市值变化
837629.OC	万国体育	2016/6/24	23	—	新进	24	0	增长
834384.OC	秋实农业	2016/1/7	24	—	新进	24	11	增长
430005.OC	原子高科	2006/7/28	25	—	新进	24	24	下滑
836393.OC	北森云	2016/4/5	26	25	下滑	24	27	下滑
836008.OC	摩诘创新	2016/2/29	27	—	新进	24	13	增长
835003.OC	龙腾影视	2015/12/30	28	—	新进	23	4	增长
834346.OC	亿海蓝	2015/11/23	29	—	新进	23	14	增长
833585.OC	千叶珠宝	2015/10/29	30	—	新进	22	18	增长

注："—"表示2016年市值排名未进前30。

资料来源：Wind，中关村上市公司协会整理。

B.5
2017年中关村新三板企业资产状况研究报告

中关村上市公司协会研究部 *

摘　要： 本报告客观描述了中关村新三板企业资产规模及资产变化情况，并通过固定资产比率、资产负债率及资产排名情况三个角度，深入呈现中关村新三板企业资产质量及其特征。报告结果显示，中关村新三板公司总资产规模较上年有所增长，其中创新层企业资产规模远高于基础层企业；中关村新三板企业固定资产比率远低于全国新三板市场平均水平，轻资产特点明显，佐证了中关村新三板新经济企业居多，其成长前景值得市场关注；另外，多数中关村新三板企业资产负债率合理，整体财务风险较低，且创新层公司资产质量更优。

关键词： 中关村新三板　总资产　轻资产　资产负债率

一　2017年中关村新三板公司资产总体状况

2017年，中关村新三板公司的总资产规模达到4785.76亿元，较上年增长18.57%。其中，创新层企业总资产为1175.31亿元，占

---

* 本文由中关村上市公司协会研究部完成，主要执笔人：陈红，中关村上市公司协会研究部主任，负责中关村区域经济研究工作；葛琰，中关村上市公司协会助理研究员，主要从事中关村区域经济研究工作；孔柳絮，中国社会科学院大学税务硕士。

比24.56%；基础层企业总资产为3610.45亿元，占比75.44%。创新层企业平均资产为5.82亿元，基础层企业平均资产为2.90亿元，可见创新层企业的资产规模远高于基础层企业（见图1）。

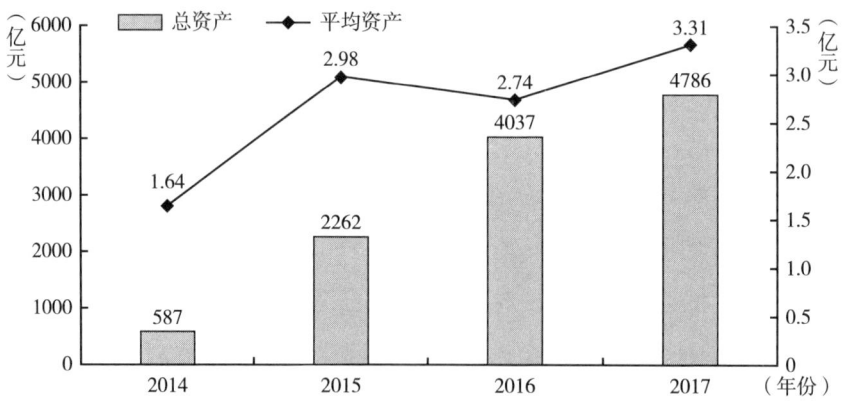

图1　2014~2017年中关村新三板企业总资产及平均资产情况

资料来源：Wind，中关村上市公司协会整理。

二　2017年中关村新三板公司轻资产特点明显

2017年，中关村新三板公司固定资产总计为240.67亿元，整体平均固定资产比率为5.03%。同期，全国新三板市场平均固定资产比率为14.00%。中关村新三板公司平均固定资产率远低于全国水平，呈现显著的轻资产特点。

从分层情况来看，中关村新三板创新层公司的平均固定资产比率为6.52%；基础层公司的平均固定资产比率为4.55%。虽然创新层公司比基础层公司的固定资产比率高1.97个百分点，但与全国新三板公司相比仍具有明显的轻资产特点。

三　2017年中关村新三板公司资产负债率较低

2017年，中关村新三板公司的负债总额为2412.57亿元，平均资产负债率为50.41%；全国新三板公司的负债总额为16762.66亿元，平均资产负债率为55.20%。中关村新三板公司的平均资产负债率略低于全国新三板市场平均水平，资产结构合理。此外，中关村新三板创新层公司平均资产负债率为43.06%，低于中关村新三板整体水平，资产质量更优。

从分层情况来看，中关村新三板创新层公司的总负债为506.11亿元，平均资产负债比率为43.06%；基础层公司总负债为1906.46亿元，平均资产负债比率为52.80%。创新层公司平均资产负债率明显低于基础层公司，资产更为稳定，财务风险低。

具体来看，在1446家中关村新三板公司中，资产负债率不超过40%的有885家，占比61.20%；处于40%～60%的有328家，占比22.68%；资产负债率在60%～80%的公司有161家，占比11.13%；资产负债率大于80%的有72家，占比4.98%。以上数据显示，多数中关村新三板公司资产负债率合理，债务安全，整体财务风险较低（见图2）。

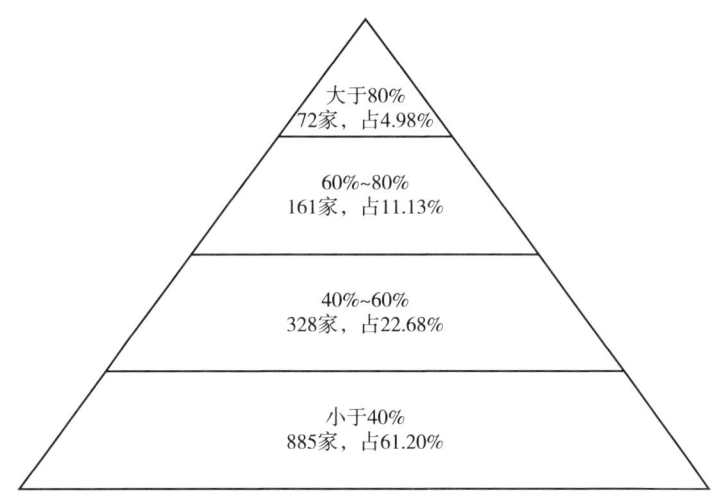

图2　2017年中关村新三板公司资产负债率分布状况

资料来源：Wind，中关村上市公司协会整理。

四 2017年中关村新三板公司资产排名状况（前30）

2017年，资产排名前30的中关村上市公司累计资产达2825.54亿元，占中关村新三板公司总资产的59.04%。由于行业特征影响，前30名中金融相关行业企业较为集中（包括8家金融业企业，5家商务和租赁业服务企业），且主要分布在资产排名前列；百亿元以上资产的公司有7家，累计总资产为2115.66亿元，占前30名74.88%的比重，其中仅颖泰生物为实体经济企业，其余6家当中有3家为金融相关行业企业、2家为商务和租赁业服务企业、1家为信息传输软件和信息技术服务业（见图3）。

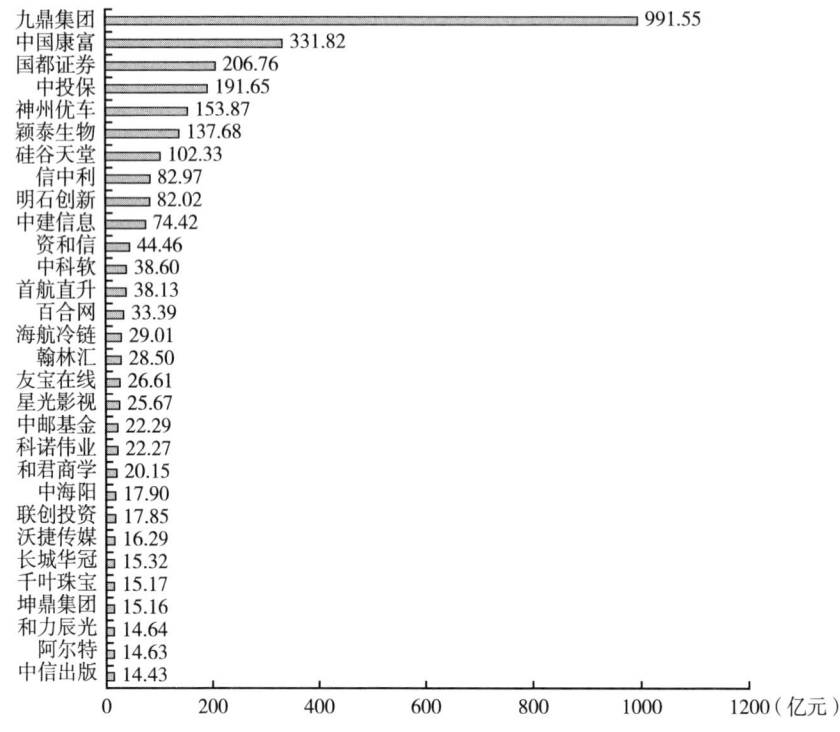

图3 2017年中关村新三板公司资产排名前30

资料来源：Wind，中关村上市公司协会整理。

剔除掉金融类企业①，2017 年，资产排名前 30 的中关村新三板非金融企业累计资产达 875.22 亿元，占中关村新三板非金融企业总资产的 32.86%，进入非金融企业资产前 30 名的基准为 10.62 亿元。资产排名前 30 的中关村新三板非金融企业中，有 2 家企业的资产超过 100 亿元，排名第一的是从事专车业务的神州优车，其资产达到 153.87 亿元；排名第二的是从事农药中间体、原药及制剂研发、生产、销售和技术服务的颖泰生物，其资产为 137.68 亿元（见图 4）。

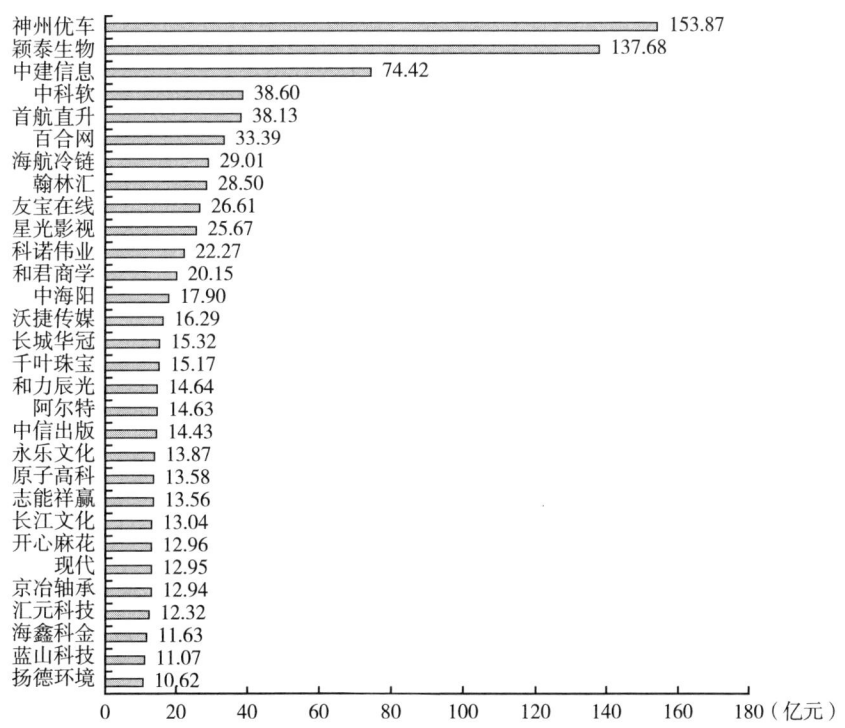

图 4　2017 年中关村新三板非金融企业资产排名前 30

资料来源：Wind，中关村上市公司协会整理。

---

① 22 家金融类企业资产合计达到 2122.14 亿元（占比 44.34%）。

参考文献

俞晨越、饶栋平、许纪校:《新三板企业资本结构与企业绩效关系研究》,《财会通讯》2015年第29期。

马莹:《资本结构与经营业绩实证研究——关注新三板高新技术企业》,《中国集体经济》2011年第31期。

上官绪明:《影响我国中小企业资本结构的因素研究——基于生命周期理论的分析》,《上海经济研究》2016年第3期。

B.6 2017年中关村新三板企业经济社会贡献度研究报告

中关村上市公司协会研究部*

摘　要： 本报告从企业经济贡献度、税收贡献度、企业提供就业机会三个维度分析研究了中关村新三板企业的经济社会贡献度。研究结果显示，中关村新三板企业对北京市GDP的贡献度基本呈现持续上升态势；同时，随着营业收入的持续增长，中关村新三板企业对北京市提供了更多的税收贡献，也为北京市的经济成长带来一定的就业机会。

关键词： 中关村新三板　经济贡献度　税收贡献度　就业机会

一　企业经济贡献度

2017年，中关村新三板企业的总营业收入达到2421.48亿元，北京市地区生产总值（GDP）① 达到28000.4亿元，中关村新三板企

---

* 本文由中关村上市公司协会研究部完成，主要执笔人：陈红，中关村上市公司协会研究部主任，负责中关村区域经济研究工作；葛琰，中关村上市公司协会助理研究员，主要从事中关村区域经济研究工作。

① 北京地区生产总值（GDP）指北京地区所有常住单位在一定时期内生产活动的最终成果。统计数字取自北京市统计局。

业给北京市经济贡献了 8.65% 的 GDP，比 2016 年略微下降。根据 2014～2017 年连续四年的数据，可发现四年来中关村新三板企业对北京市 GDP 的贡献度基本呈现持续上升态势（见表1）。

表1　2014～2017 年中关村新三板企业经济贡献度情况

单位：亿元

项目	2014 年	2015 年	2016 年	2017 年
中关村新三板企业总营业收入	353.5	1235.23	2255.16	2421.48
北京市地区生产总值	21944.1	23685.7	25669.1	28000.4
中关村新三板企业经济贡献度(%)*	1.61	5.22	8.79	8.65

注 * 中关村新三板企业经济贡献度 = 中关村新三板企业总营业收入/北京市地区生产总值。

资料来源：Wind，中关村上市公司协会整理。

二　企业税收贡献度

2017 年，中关村新三板企业的所得税费用为 36.90 亿元，较 2016 年减少了 3.93 亿元，同比下降 9.63%。2017 年中关村新三板企业中基础层企业所得税费用合计为 24.64 亿元，企业平均缴纳所得税费用为 198 万元；创新层企业所得税费用为 12.26 亿元，企业平均缴纳所得税费用为 607 万元。

2017 年，中关村新三板企业人均纳税为 1.28 万元，较上一年增加 1.59%。其中，基础层人均纳税为 1.40 万元；创新层人均纳税为 1.09 万元（见图1）。

2017 年，中关村新三板企业所得税为 36.90 亿元，占北京市企

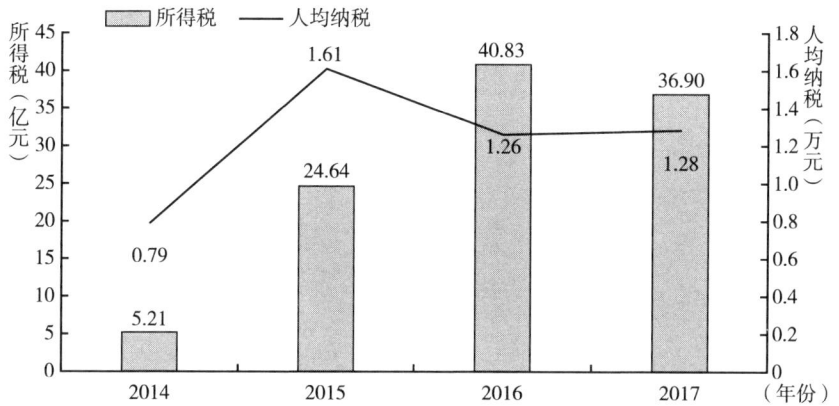

图 1　2014~2017 年中关村新三板企业所得税及人均纳税变化情况

注：中关村新三板企业税收贡献度 = 中关村新三板企业所得税/北京市企业所得税。
资料来源：Wind，中关村上市公司协会整理。

业所得税①税收收入（1229.8 亿元）的 3.00%。纵观 2014~2017 年四年的数据，可以发现前三年中关村新三板企业对北京市企业所得税的贡献度从 0.57% 上涨到 3.73%，随着营业收入的持续增长，中关村新三板企业为北京市提供更多的税收贡献。2017 年新三板市场的摘牌潮，中关村新三板企业数量减少，导致企业所得税略有下降（见表 2）。

表 2　2014~2017 年中关村新三板企业税收收入情况

单位：亿元

项目	2014 年	2015 年	2016 年	2017 年
中关村新三板企业所得税	5.21	24.64	40.83	36.90
北京市企业所得税	915.84	1024.73	1095.23	1229.8
中关村新三板企业税收贡献度(%)	0.57	2.40	3.73	3.00

资料来源：Wind，中关村上市公司协会整理。

---

① 北京市企业所得税税收收入统计数字取自北京市统计局。

三 企业提供就业机会统计

2017年,中关村新三板企业共有员工28.77万人,较2016年的32.27万减少了3.50万人,同比降低10.85%。2017年中关村新三板企业中基础层企业共有员工17.54万人,企业平均员工人数为141人;创新层企业共有员工11.23万人,企业平均员工人数为556人(见图2)。

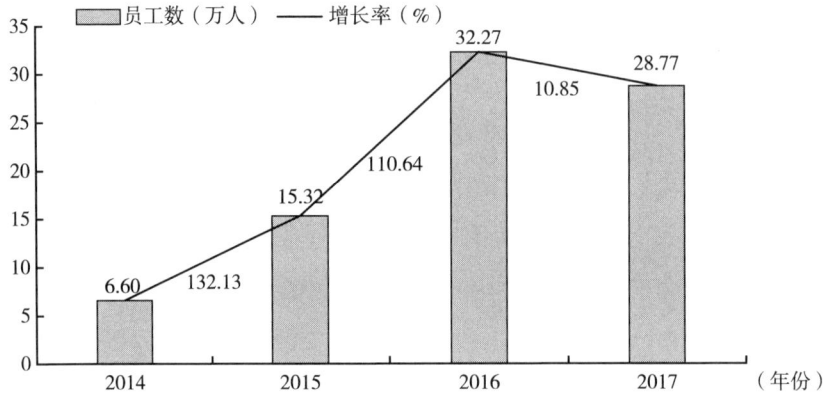

图2　2014~2017年中关村新三板企业员工人数变化情况

资料来源:Wind,中关村上市公司协会整理。

2017年,北京市法人单位从业人员总数达1120.6万人[①],当年度中关村新三板公司员工数占全市就业人数总数的2.57%,中关村新三板企业为北京市的经济成长带来一定的就业机会(见表3)。

---

① 北京市法人单位从业人员统计数字取自北京市统计局。

表3 2014~2017年中关村新三板企业就业人数情况

单位：万人

范围	2014年	2015年	2016年	2017年
北京市法人单位从业人员数	1010.5	1050.7	1089.7	1120.6
中关村新三板企业员工数	6.6	15.32	32.27	28.77
中关村新三板企业就业岗位贡献度（%）	0.65	1.46	2.96	2.57

资料来源：Wind，中关村上市公司协会整理。

B.7
中关村园区：创新创业基地，新三板市场发展的重要动力

王愫 李旭东*

摘　要： 自新三板成立以来，中关村园区企业始终是新三板市场交易中不可忽视的重要力量。总体来看，中关村园区依靠突出的创新能力与发展潜力，培养出一大批优秀的、在前沿领域有所突破的明星企业，不仅是新三板的摇篮，还是推动新三板市场改革发展的一支重要力量。本报告从中关村园区在我国新三板发展历史中的地位、产业分布情况、融资融券能力等角度，阐述中关村园区作为全国的创新创业基地对于新三板市场发展的重要推动作用。

关键词： 中关村园区　创新创业　新三板市场

一　中关村园区：新三板的摇篮，挂牌企业的重要组成部分

中关村园区是新三板市场的摇篮，新三板的雏形就是中关村科

---

* 王愫，中国科学院金属研究所博士，中信建投证券研究发展部新三板行业分析师；李旭东，中信建投证券股份有限公司投资银行部董事总经理。

技园区非上市股份有限公司进入代办股份系统进行转让的试点。2006年1月23日，中关村园区的世纪瑞尔、中科软在新三板挂牌，是第一批在新三板挂牌的企业。2006年1月至2018年8月，共有1454家中关村园区企业在新三板挂牌，2006年就有10家园区企业在新三板挂牌，此后园区企业新三板挂牌数量维持着逐年上升的良好态势，2015～2016年，受新三板大发展以及此前"大众创业，万众创新"等政策影响，中关村园区企业赴新三板挂牌数量迎来井喷式发展，2016年约有585家企业在新三板挂牌。挂牌热潮退去后，受国内外诸多因素影响，2017年新三板挂牌数量有所下降，但全年仍有148家园区企业在新三板挂牌（见图1）。目前中关村园区共有1242家企业在新三板挂牌交易，占新三板所有挂牌企业的11.18%（见图2），为同类产业园区之最，是新三板市场交易不可忽视的重要组成部分。

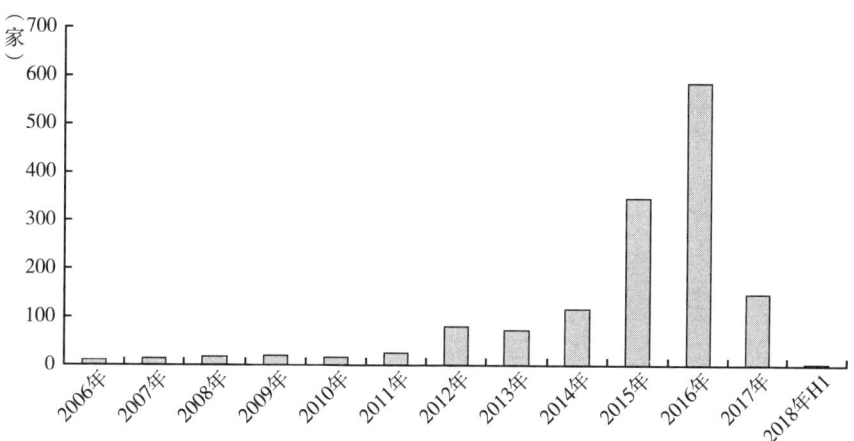

图1 中关村园区企业年度新三板挂牌数量

资料来源：Wind，中信建投证券研发部。

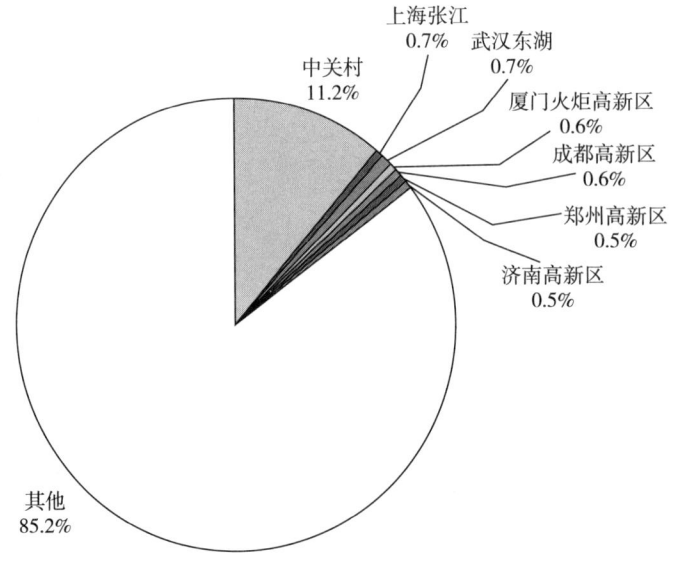

图 2 中关村园区企业占比

资料来源：Wind，中信建投证券研发部。

二 高新技术产业密集，企业业绩十分亮眼

（一）信息技术产业为中坚，园区产业多元化发展

信息技术产业是中关村园区的中坚产业。截至 2018 年 8 月，在新三板挂牌交易的 1242 家园区企业中有 631 家为 IT 类企业，在信息技术产业上超过 50% 的产业集中度远高于新三板整体水平，且园区 IT 类新三板挂牌企业占新三板同类企业数量的 22%，充分体现了中关村园区作为高新技术产业开发区的示范作用。与此同时，中关村园区在工业、文化、金融等产业都有所布局，其中不乏表现较好、知名度较高的企业，如英雄互娱、世纪明德等，产业类型较为多元化，发展较为合理。目前，制造业、科学研究与技术服务、信息传输等工业

类企业占到整个园区挂牌企业数量的22%，与文化、体育、娱乐、教育以及批发零售、商贸租赁等领域相关的可选消费类企业占总数的12%，此外园区新三板挂牌企业中还有少量公用事业、金融、房地产等企业（见图3、图4）。总体而言，中关村园区新三板挂牌企业以主攻高新技术的IT类企业为主，企业类型相对较为多元。

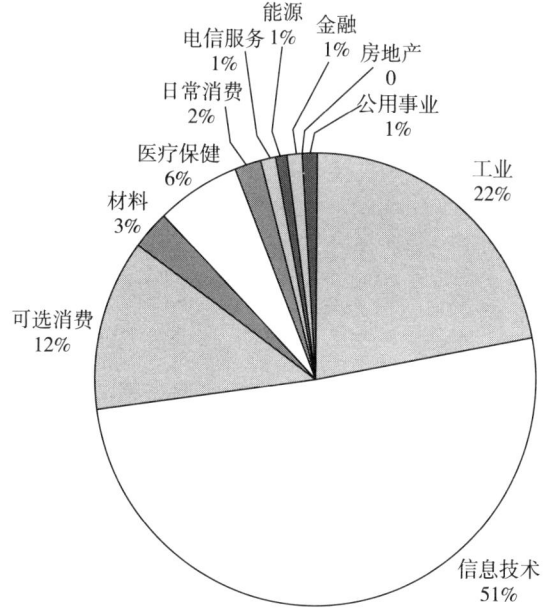

图3　中关村园区新三板企业行业分布

资料来源：Wind，中信建投证券研发部。

（二）中小企业占主体，龙头企业领跑园区

从市值上看，目前在新三板挂牌交易的中关村园区企业仍以中小型企业为主，1242家企业平均参考总市值为3.75亿元。611家园区新三板挂牌企业市值在1亿元以下，其中的3/4总市值不到5000万元；市值在1亿～5亿元的中型企业也占到总数的35%。但与此同时，园区也孵化出多家发展前景较为良好的优质大型企业。截至

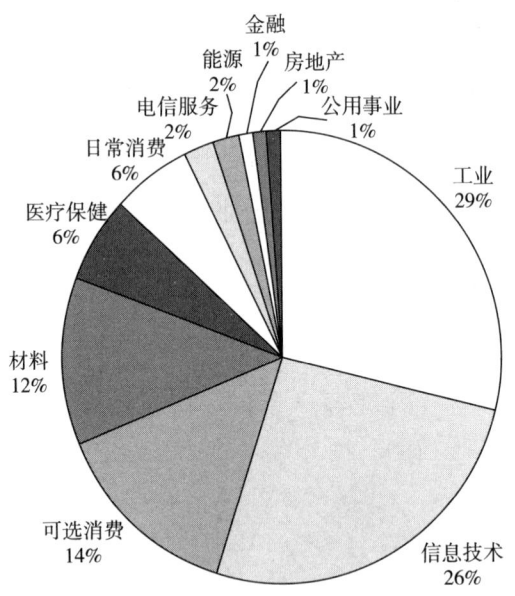

图 4　新三板企业行业分布格局

资料来源：Wind，中信建投证券研发部。

2018年8月，中关村园区新三板挂牌企业市值突破10亿元的达到85家，其中神州优车以452.01亿元的参考总市值不仅稳居园区企业中的第一位，更是于2018年3月超过九鼎集团，成为新三板市值最大的企业（见图5）。

截至2018年8月，园区市值排名前十的企业中过半数为IT类企业，其中神州优车、睦合达、翰林汇等包揽了前三名，参考总市值突破了百亿元，为园区信息技术产业的龙头企业。此外，文化传媒类的英雄互娱、主攻生物领域高新技术的颖泰生物等优质企业在各自领域也有着良好的发展态势，增长潜力较大。排名前十的企业中除了神州优车尚处于成长期、2017年度出现亏损以外，其他企业均实现了赢利，园区龙头企业平均营业收入为39.49亿元，平均净利润达2.25亿元，业绩表现良好。

中关村园区：创新创业基地，新三板市场发展的重要动力

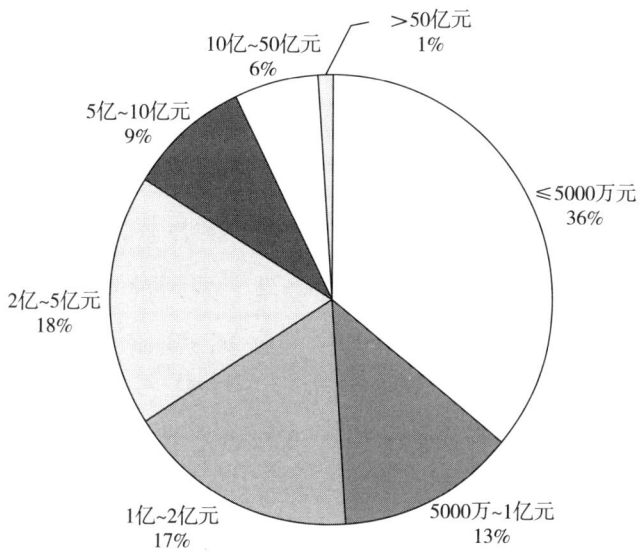

图 5　中关村园区新三板企业参考总市值分布

资料来源：Wind，中信建投证券研发部。

表 1　中关村园区新三板企业市值 TOP10

企业名称	挂牌日期	行业	参考总市值(亿元)	营业收入(亿元)	营业收入增长率(%)	净利润(万元)	净利润增长率(%)
神州优车	2016/7/22	信息技术	452.01	98.56	297.27	-26171.71	76.92
睦合达	2016/4/11	信息技术	138.09	0.98	634.03	6699.34	1974.81
翰林汇	2015/12/29	信息技术	105.48	152.35	-0.48	19434.68	-19.65
英雄互娱	2012/6/21	可选消费	90.68	10.36	51.85	91504.76	34.49
臻迪科技	2016/5/24	信息技术	81.80	1.41	229.38	3398.54	305.02
中投保	2015/12/15	金融	76.50	16.89	3.15	68424.11	-7.19
随锐科技	2016/3/2	信息技术	74.89	3.21	62.06	2373.62	48.90
中科软	2006/1/23	信息技术	59.80	43.05	8.31	23349.41	12.72
颖泰生物	2015/10/20	材料	58.62	61.40	71.57	29163.19	-24.88
百合网	2015/11/20	信息技术	55.41	6.71	81.12	6499.21	-136.01

资料来源：政府网站，中信建投证券研发部。

（三）业绩表现突出，增长潜力、创新空间巨大

目前，园区挂牌企业经营发展尚处于成长型初创企业与成熟企业共进、中小企业与大型龙头企业并存的局面。一方面，2017年园区新三板挂牌企业中近半数（46%）的企业营业收入在5000万元以下；另一方面，园区内有22家企业2017年营业收入额突破了10亿元，这些企业大多从属于高新技术产业，发展前景较为良好（见图6），其中以IT产品销售、服务为主营业务的翰林汇更是以152.35亿元的年销售额高居榜首。净利润方面，由于园区企业多为创新创业型企业，且以前沿领域为发展方向，潜在收益较大的同时风险相对较高，2017年园区新三板挂牌企业中有408家出现了亏损，赢利额在1亿元以下的、经营情况较为稳定的企业则构成了园区发展的中坚力量（见图7）。此外，2017年全年有17家企业净利润在1亿元以上，表现十分突出，是园区发展的明星企业。

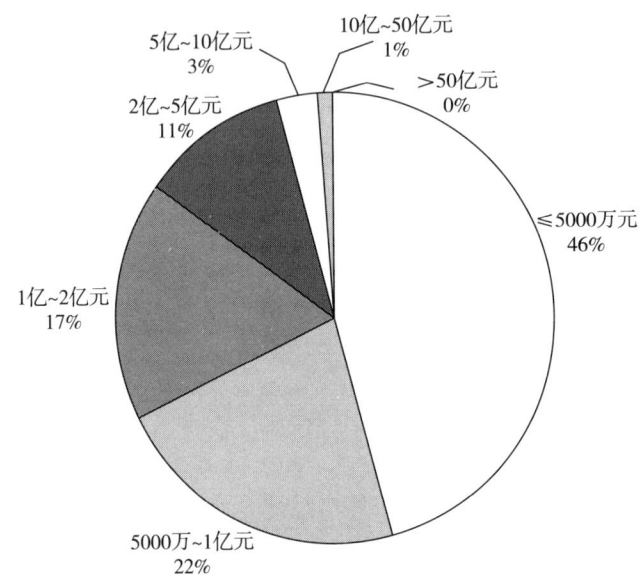

图6 中关村园区新三板企业营业收入分布

资料来源：Wind，中信建投证券研发部。

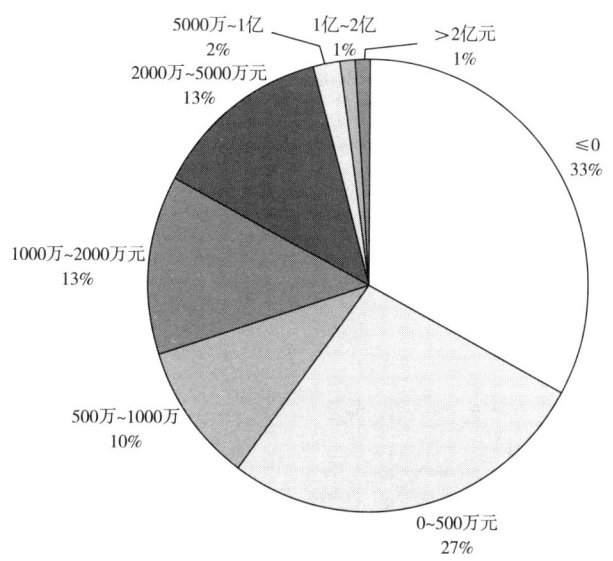

图 7　中关村园区新三板企业净利润分布

资料来源：Wind，中信建投证券研发部。

与新三板整体水平相比，中关村园区新三板挂牌企业平均规模相对较小。2018 年上半年园区挂牌企业平均总资产为 2.56 亿元，为同期新三板整体水平的 83.21%，但是从经营情况上看，园区企业成长性更为优异，增长潜力巨大。2013~2015 年是园区的高速成长期，三年间中关村园区新三板挂牌企业平均营业收入为 9699.60 万元、15705.69 万元、20803.43 万元，平均净利润为 510.40 万元、981.12 万元、1217.13 万元，三年间平均营业收入和净利润的复合增长率分别达 28.96% 和 33.60%，均为同时期新三板整体增长水平的两倍。2015 年后新三板整体营收水平与净利润水平都有所下滑，中关村园区企业经营情况也受到影响，但下滑程度仍略低于整体平均水平。2017 年全年园区平均营业收入、平均净利润为 1.61 亿元、793 万元，处于同类园区中上游水平。由于园区产业属于前沿产业，风险、投入较大，2017 年近半数企业出现了亏损，包括神州优车等大型企业，这在一定程度上反映出部分园区企业赢利能力有待加强,另一方面,这也是一些优质初创企业发展的必经之路。与此相对应,赢利的园区企业表现出非常强的增长潜力,2017 年 127 家园区企业营业收入翻了至少一番,18% 的企业净利润增长率超过 100%,33 家企业净利润增长超过 10 倍,充分体现出中关村园区新三板挂牌企业优秀的成长性(见图 8 至图 11)。

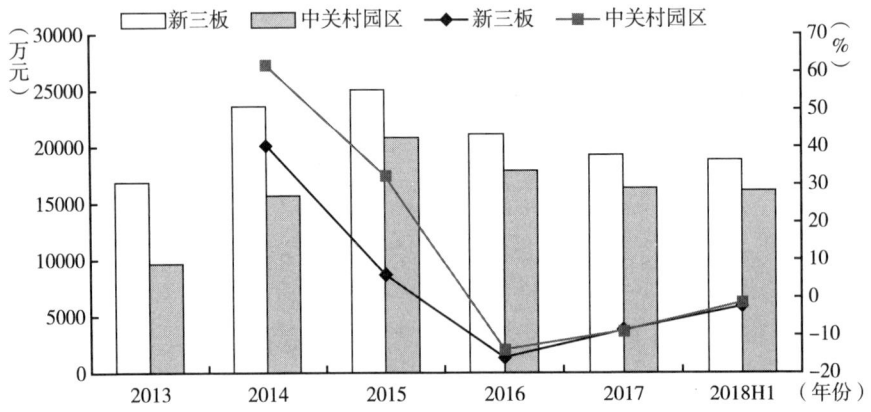

图 8　2013~2018 年 H1 中关村园区与新三板整体营业收入水平对比

资料来源:Wind,中信建投证券研发部。

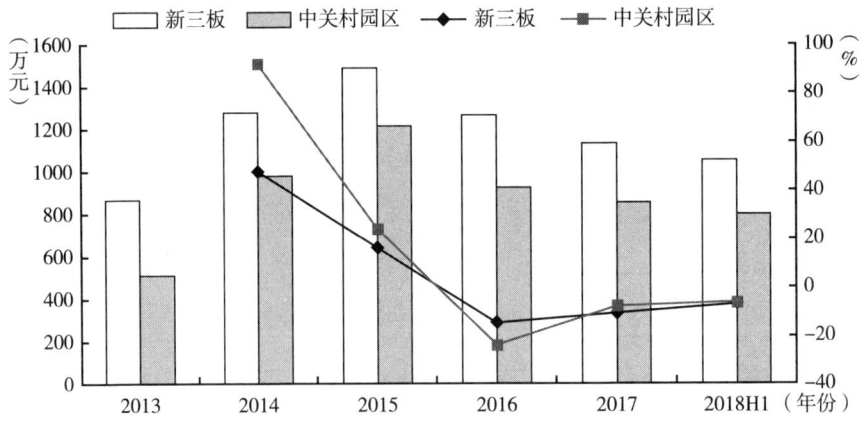

图 9　2013~2018 年 H1 中关村园区与新三板整体净利润水平对比

资料来源:Wind,中信建投证券研发部。

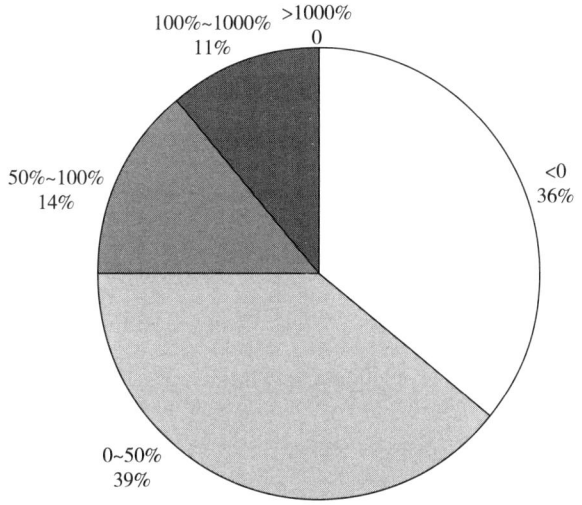

图 10　中关村园区新三板企业营业收入增长率分布

资料来源：Wind，中信建投证券研发部。

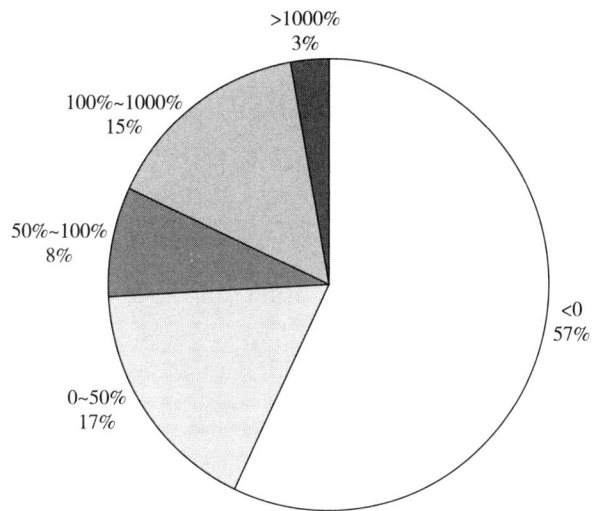

图 11　中关村园区新三板企业净利润增长率分布

资料来源：Wind，中信建投证券研发部。

与园区企业强劲的增长潜力相对应的是其突出的创新能力。2017年中关村园区新三板挂牌企业研发费用共计104.74亿元，平均研发费用达843.36万元，平均研发强度为5.74%，高于全国716.60万元的平均研发费用和4.24%的平均研发强度，其中智明星通全年研发费用达到9.49亿元（见图12）；园区专利授权量连续四年上升，2017年专利授权量达2129件，同比增长15.02%，其中发明专利授权量为456件，占比21.42%，同比增长20.63%（见图13）。这表明中关村园区新三板企业的创新能力正在不断增强。

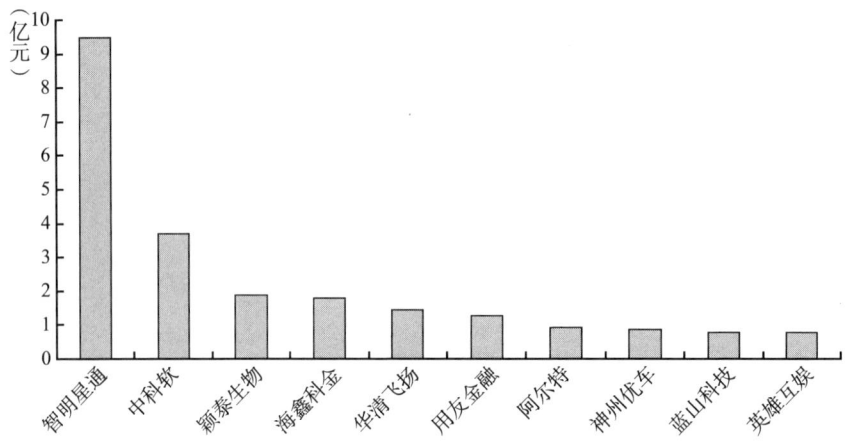

图12　2017年中关村园区新三板企业研发费用TOP10

资料来源：Wind，《2018中关村新三板企业成长力报告》，中信建投证券研发部。

由于园区所处行业前景较为广阔，企业发展较为迅速，园区新三板挂牌企业市盈率相对较高，截至2017年8月，园区平均参考市盈率为86.17。但具体来看，49%的园区企业市盈率为20以下，成长空间较大；28%的园区企业市盈率维持在20~50，估值水平相对稳健；20%的园区企业由于增长潜力较大、发展前景良好，受到投资者认同，市盈率处于50~500，仍属于相对合理的估值水平；只有极个

中关村园区：创新创业基地，新三板市场发展的重要动力

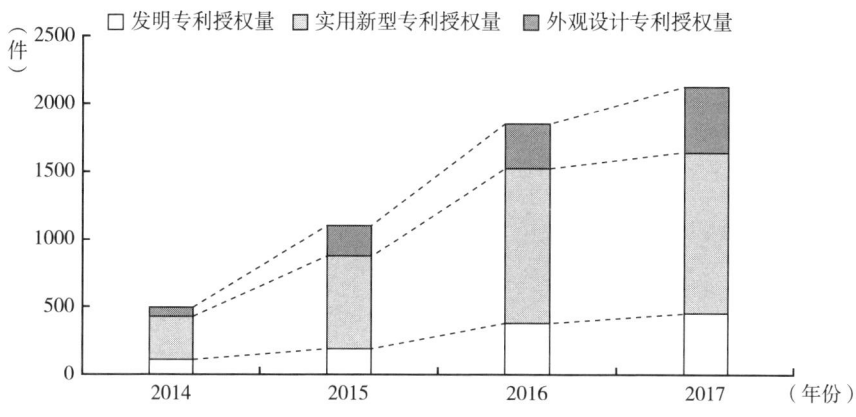

图13　中关村园区新三板企业专利授权量

资料来源：Wind，《2018中关村新三板企业成长力报告》，中信建投证券研发部。

别企业股价被严重高估，市盈率高于500（见图14）。总而言之，尽管园区新三板挂牌企业估值水平相对较高，但大部分企业发展潜力巨大，成长较为稳健，市盈率仍处于合理的估值区间。

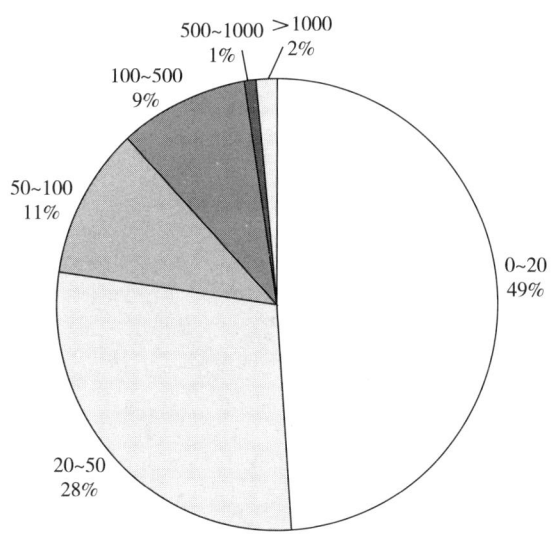

图14　中关村园区新三板企业市盈率分布

资料来源：Wind，中信建投证券研发部。

（四）信息技术产业发展稳健，金融、地产、日常消费板块成长迅速

分行业来看，2017年中关村园区新三板挂牌企业中金融企业与房地产企业达到同园区最高平均参考总市值，分别为69.97亿元和17.33亿元，两类企业的平均年收入与平均净利润也名列前二，金融类企业平均年收入为6.39亿元，净利润为2.00亿元，而房地产类企业平均年收入达4.59亿元，净利润为2733.19万元，园区两产业发展态势均优于同期新三板整体水平，二者年均净利润为新三板同产业的两倍左右，增长势头十分强劲。从属园区主体产业的信息技术类企业经营情况较为稳定，发展态势比较稳健，企业平均参考总市值为4.04亿元，营业收入与净利润与新三板IT产业平均水平基本持平，分别为1.72亿元和579.22万元，是中关村园区发展的中坚力量。此外，材料、日常消费等园区产业也均有不俗表现，其中日常消费产业年均营业收入及净利润分别为2.93亿元、1818.93万元，远超新三板整体水平（见图15至图17）。

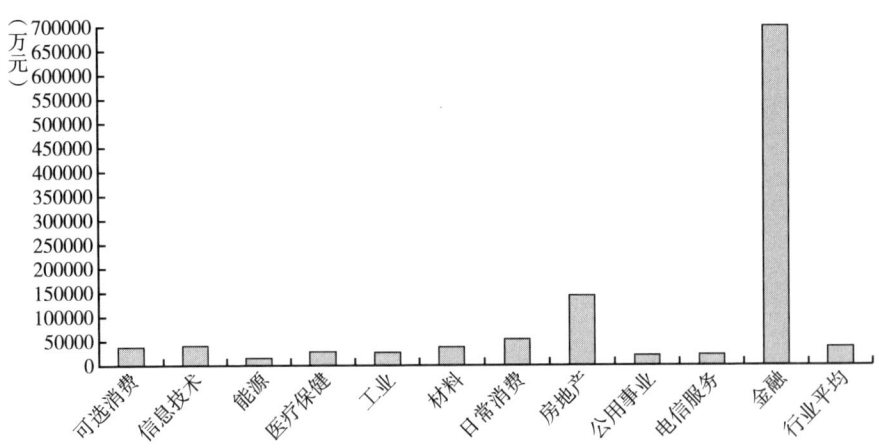

图15 中关村园区新三板企业行业平均参考总市值

资料来源：Wind，中信建投证券研发部。

从市盈率来看，园区内信息技术、可选消费、工业等绝大部分产业市盈率维持在 50～100 倍，对于新三板企业来说估值较为稳健，而园区金融类企业除去市盈率达 4238 倍的方富资本，其余四家金融企业市盈率均小于 50，估值处于较为合理的区间（见图 18）。

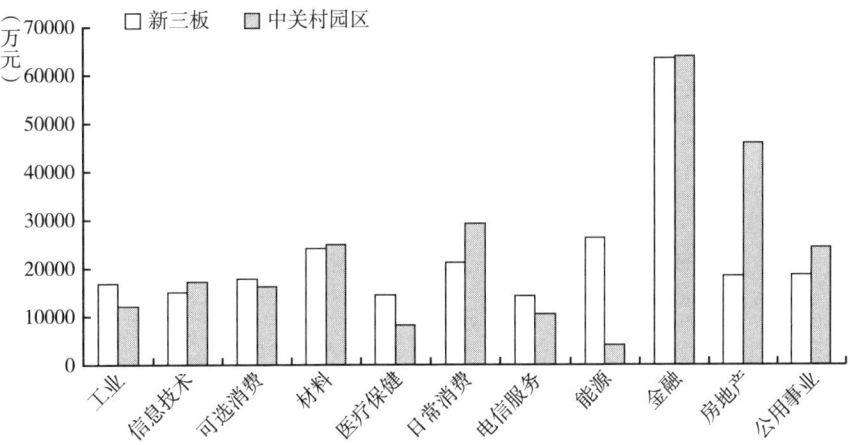

图 16　中关村园区与新三板行业营业收入水平对比

资料来源：Wind，中信建投证券研发部。

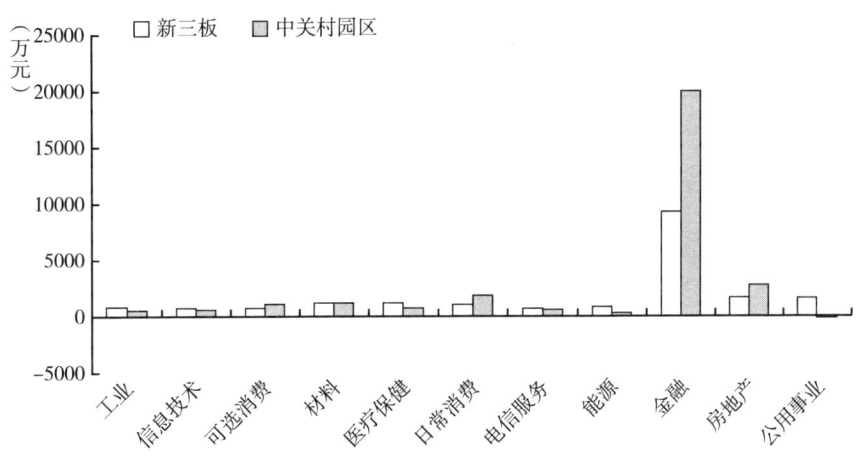

图 17　中关村园区与新三板行业净利润水平对比

资料来源：Wind，中信建投证券研发部。

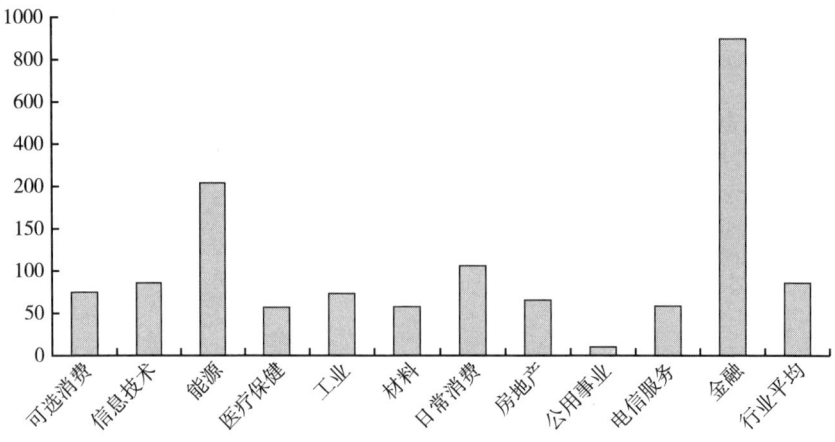

图 18　中关村园区新三板企业行业平均市盈率

资料来源：Wind，中信建投证券研发部。

三　新三板市场重要交易主体，市场潮流风向标

（一）股票交易重要参与主体，融资融券能力较强

中关村园区企业是新三板市场交易活动至关重要的主力。目前仍在新三板挂牌交易的中关村园区企业累计交易额达到1119.54亿元，占新三板历史累计总交易额的19.54%，其中有32家企业累计交易额突破了10亿元，中海阳更是以46.43亿元的累计交易额高居榜首。2017年全年共有888家中关村园区企业参与了新三板市场交易，年度成交量达73.90亿股，成交额达390.07亿元，增幅分别为17%、11%（见图19）。

另一方面，截至2018年8月，挂牌以来累计成交量在1000万股以上的园区企业只有265家，占比为21%；41%的园区挂牌企业累计成交量在500万股以下，此外还有360家企业挂牌以来未发生任何交易，成为僵尸股（见图20）。因此总的来看，中关村园区企业的股票交易活跃程度还有待提高。

中关村园区：创新创业基地，新三板市场发展的重要动力

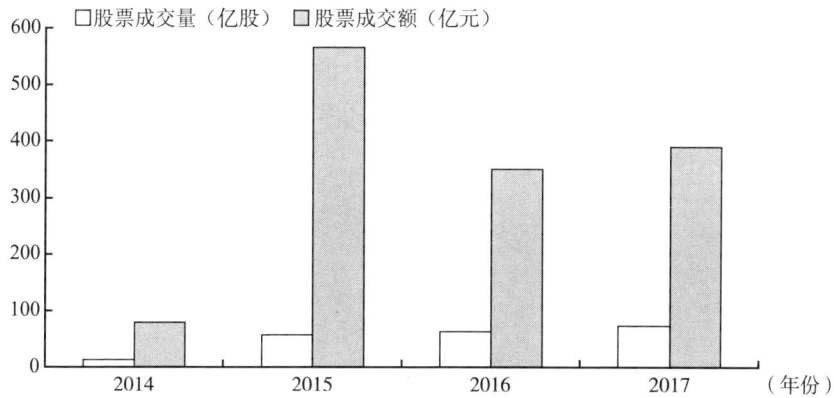

图19 2014~2017年中关村园区新三板企业年度成交量与成交额

资料来源：Wind，中信建投证券研发部。

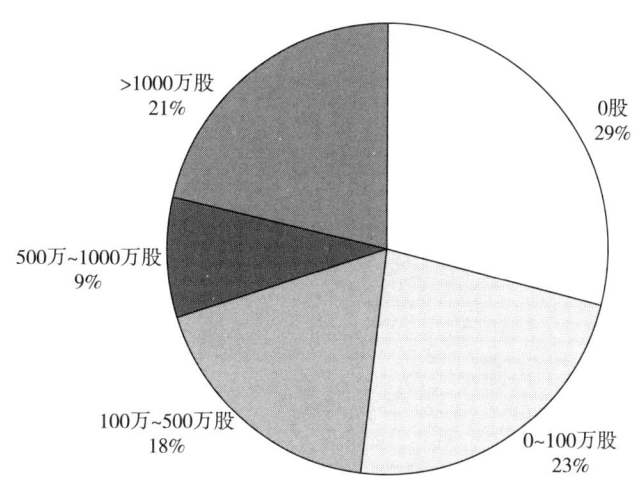

图20 中关村园区新三板企业挂牌以来累计成交量分布

资料来源：Wind，中信建投证券研发部。

园区选择做市转让的企业比例相对较高。截至2018年8月，中关村新三板企业中共有188家企业选择了做市转让的转让方式，占园区新三板挂牌企业数量的15.13%，高于同期新三板整体11.00%的比例（见图21）。目前中关村园区新三板挂牌企业中做市商数量超过10家的

共有22家,占新三板总体水平的1/4,反映出资本市场对中关村园区企业的青睐。其中蓝山科技、联飞翔做市商数量分别为24家、17家,在新三板企业中排名第6位、20位,尤其受投资者关注(见图22)。

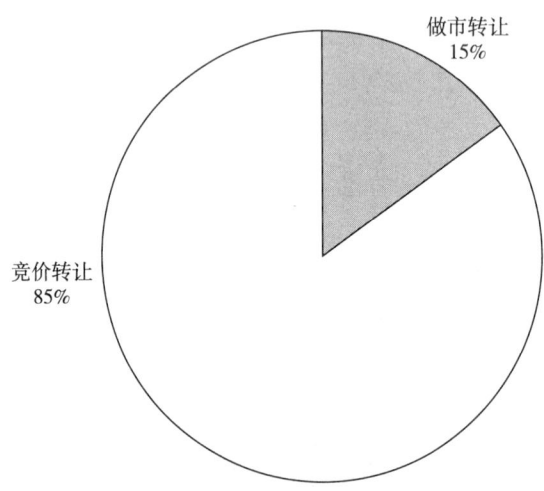

图21 中关村园区新三板企业转让方式分布

资料来源:Wind,中信建投证券研发部。

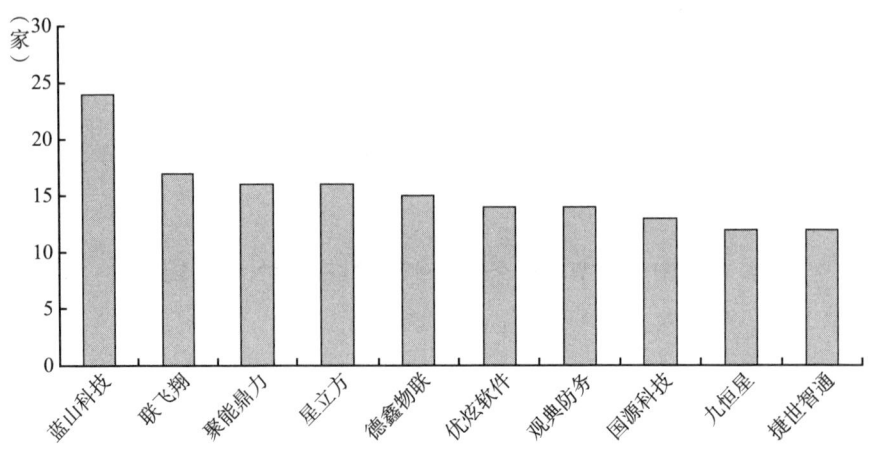

图22 中关村园区新三板企业做市商数量TOP10

资料来源:Wind,中信建投证券研发部。

中关村园区：创新创业基地，新三板市场发展的重要动力

截至2018年8月，累计共有720家中关村园区新三板挂牌企业实施了定向增发，占新三板总数的13.09%，平均实际募资总额达到8973.65万元，高于新三板所有实施过定向增发的企业平均6949.87万元的实际募资总额，体现出投资者对园区企业成长性的认同以及新三板市场对园区企业发展提供的支持。园区720家实施过定增的企业中，有137家定向增发实际募资额超过了1亿元，7家更是突破了10亿元，其中神州优车于2017年两次进行增发，分别募得46.0亿元、24.0亿元，总募资额达到70.0亿元。分年度来看，2016年是园区企业进行定增的高峰，全年共有404家企业进行了定向增发，增发次数达461次，增发数量为61.75亿股，实际募资总额达284.54亿元，2017年各项指标都有所回落，但园区企业定向增发的数量、规模仍然保持着较高的水平，全年有342家企业进行了377次定向增发，实际募得227.23亿元（见图23、图24）。

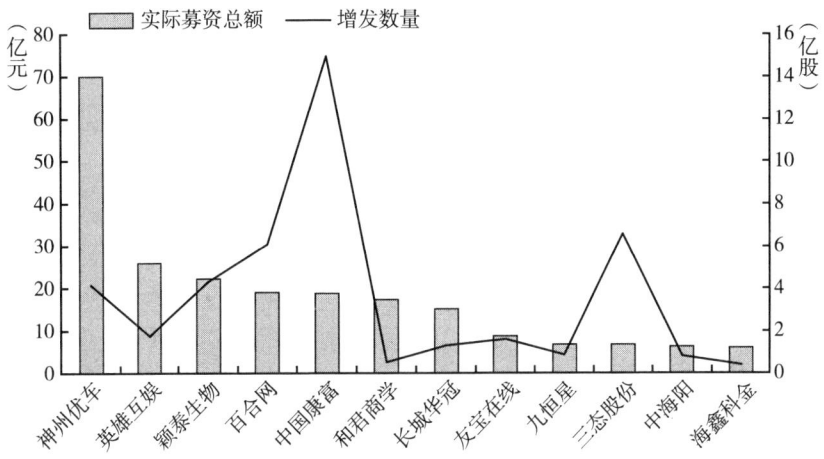

图23　中关村园区新三板企业累计定向增发实际募资总额/增发数量TOP10

资料来源：Wind，中信建投证券研发部。

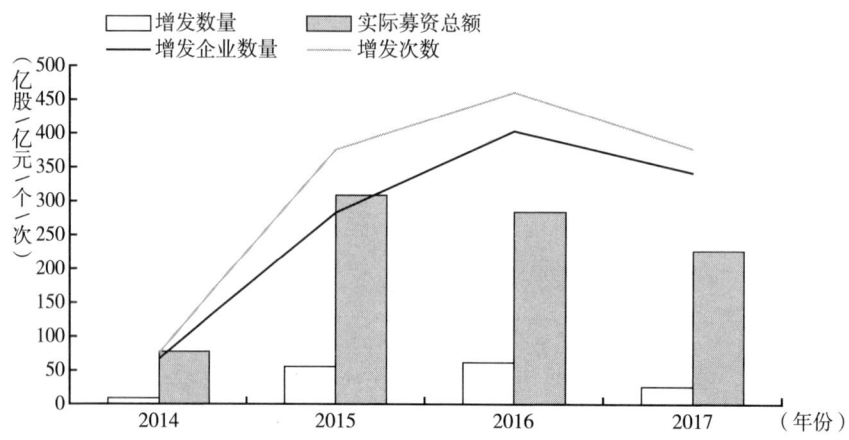

图 24　2014～2017 年中关村园区新三板企业年度定向增发数量/实际募资总额/企业数量/增发次数

资料来源：Wind，中信建投证券研发部。

2017 年，为补充公司运营资金以及偿还债务，共有 5 家中关村园区新三板挂牌企业发行了公司债券，其中两家企业来自金融行业，此外，还有 1 家园区企业发行了可转债，6 家企业的 10 只债券共融资 92.75 亿元，其中中国康富发行了 3 只债券，融资 50 亿元（见表 2）。

表 2　2017 年中关村园区新三板企业发债情况

发债主体	发行起始日	发行规模（亿元）	发行期限（年）	票面利率（%）	地点	发行人企业性质	发债主体	发行方式
丰电科技	2017-12-27	0.30	3	6.42	上海	民营企业	工业	私募
颖泰生物	2017-11-07	12.00	5	6.80	上海	民营企业	材料	公募
中投保	2017-10-25	5.00	5	5.49	上海	中央国有企业	金融	公募
中投保	2017-10-25	20.00	3	5.30	上海	中央国有企业	金融	公募
中国康富	2017-10-19	20.00	5	6.14	上海	中央国有企业	金融	私募
中国康富	2017-08-17	20.00	5	5.75	上海	中央国有企业	金融	私募
中国康富	2017-07-21	10.00	5	5.98	上海	中央国有企业	金融	私募
中投保	2017-03-15	5.00	5	4.49	上海	中央国有企业	金融	公募
广厦网络	2017-01-23	0.25	2	7.10	上海	民营企业	信息技术	私募
蓝天环保	2017-10-16	0.20	3	2.00	深圳	民营企业	工业	私募

资料来源：Wind，中信建投证券研发部。

2017年中关村园区共有209家新三板挂牌企业进行股票质押交易，交易次数共475次，质押股票数量达到69.77亿股，相较于2016年增幅达5.79%、2.95%，创四年来新高。除去未披露股票质押融资金额的交易，2016年园区股票质押融资总额达到高峰，为534.82亿元。此后，质押融资交易涉及金额有所下降，2017年全年披露的质押融资总额为150.50亿元，相比2016年下降了24.44%（见图25）。

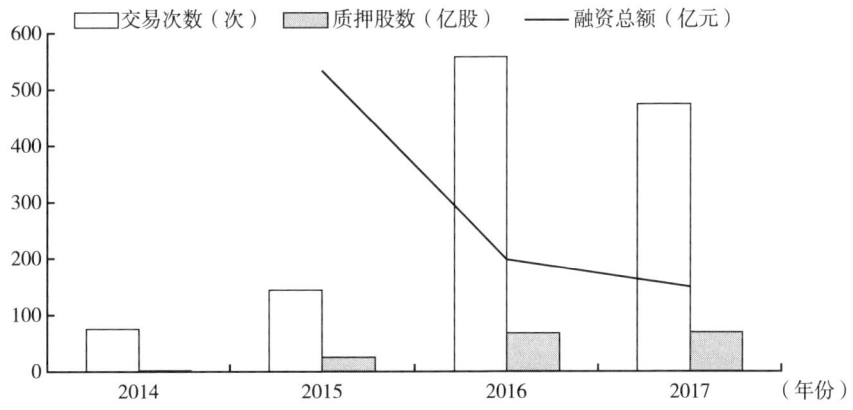

图25　2014～2017年中关村园区新三板企业股票质押
融资交易次数/质押股数/融资总额

资料来源：中信建投证券研发部。

（二）IPO、退市热潮来袭，园区新三板挂牌格局或将改写

目前，新三板445家IPO辅导企业中有46家来自中关村园区，占比10.33%，其中7家已经完成了首次公开发行，占新三板整体73家完成IPO辅导的企业的9.59%。从时间上看，园区挂牌企业申请IPO辅导的高峰期为2017年，全年有23家企业申请了IPO辅导，且大部分企业为2015～2016年于新三板挂牌的企业，同时也包括2006

年挂牌交易的新三板元老级企业中科软,这一方面反映出目前新三板市场流动性等方面仍需加强;另一方面,一定程度上也反映了中关村园区公司对企业经营的信心。平均而言新三板企业从挂牌至申请上市辅导需要639天,而中关村园区新三板企业在申请IPO辅导前平均在新三板挂牌了978天,这是因为园区企业在新三板交易上起步较早,一批较早在新三板挂牌的园区企业,如中科软、指南针、星昊医药等,近期才进行了IPO辅导申报。在行业分布上,与新三板申报IPO辅导的企业中IT技术类与工业类企业平分秋色不同,中关村园区申报IPO辅导的企业中半数为IT类企业,体现出园区在信息技术产业上的积淀。平均来看,园区申报IPO辅导的企业平均市值为14.30亿元,高于新三板同类企业12.27亿元的水平,也高于园区平均参考总市值。其中,2018年1月申报的臻迪科技以81.80亿元的总市值名列申报IPO辅导的新三板企业总体第6位。但从经营情况和净利润上看,园区申报IPO辅导的企业略逊于新三板整体水平,2017年企业平均营业收入为5.09亿元,平均净利润为4209.04万元,分别低于新三板平均7.24亿元、5545.10万元的水平(见图26、图27、表3)。

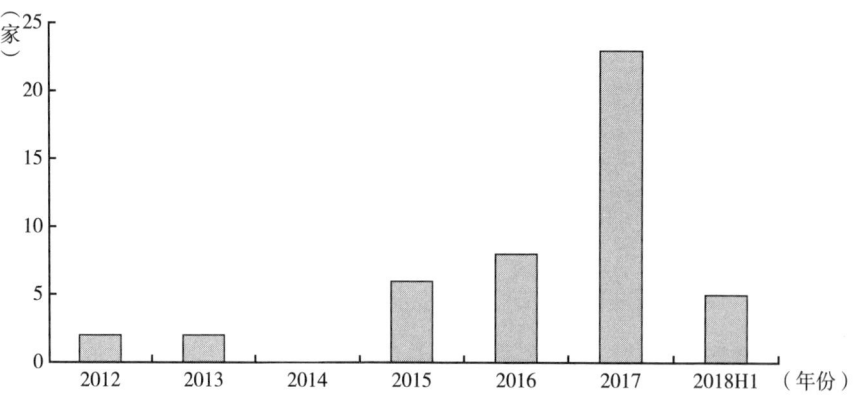

图26 申报IPO辅导的园区新三板企业数量

资料来源:Wind,中信建投证券研发部。

中关村园区：创新创业基地，新三板市场发展的重要动力

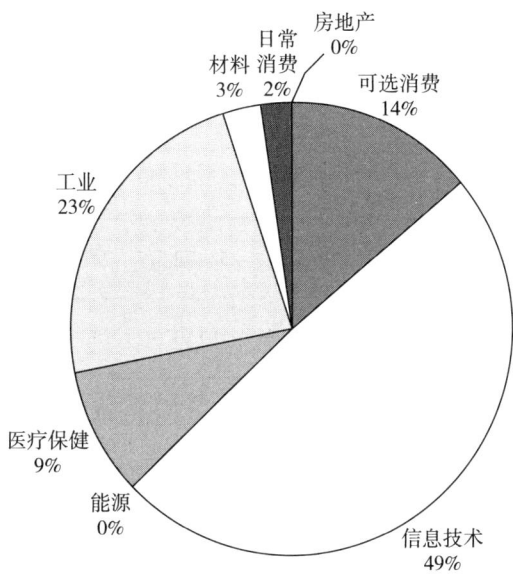

图 27 申报 IPO 辅导的园区新三板企业行业分布

资料来源：Wind，中信建投证券研发部。

表 3 中关村园区新三板企业申报 IPO 辅导市值 TOP10

证券简称	挂牌日期	起始日期	截止日期	行业	总市值（万元）	市盈率	营业总收入（万元）	净利润（万元）
臻迪科技	2016-05-24	2018-01-02		信息技术	817955.92	240.68	14086.51	3398.54
中科软	2006-01-23	2017-06-01	2017-12-29	信息技术	611323.20	30.82	430465.55	23349.41
紫竹慧	2015-11-11	2015-12-24		房地产	523017.41	167.86	33194.26	2662.71
友宝在线	2016-02-24	2017-01-11		日常消费	510108.13	41.63	210342.01	11792.02
阿尔特	2016-03-23	2017-04-10		工业	325526.12	68.56	54062.73	4747.95
长江文化	2016-06-22	2017-09-11		可选消费	270270.00	24.72	60788.15	10687.76

073

续表

证券简称	挂牌日期	起始日期	截止日期	行业	总市值（万元）	市盈率	营业总收入（万元）	净利润（万元）
掌游天下	2016-02-25	2016-12-19		信息技术	263175.00	88.36	17661.69	313.52
指南针	2007-01-23	2016-03-11	2016-06-24	信息技术	255472.85	24.26	66909.87	15477.13
华清飞扬	2015-11-17	2017-07-17	2018-03-30	信息技术	219149.70	14.35	43729.58	11027.95
首都在线	2010-08-02	2018-01-17		信息技术	185819.80	64.49	48150.01	4050.14
电旗股份	2015-07-30	2017-12-18		信息技术	181528.91	45.02	39095.73	4032.22
国联股份	2015-04-23	2017-03-28	2017-09-29	信息技术	168968.00	64.45	199977.35	5874.60
申报IPO辅导的园区企业					142964.00	47.25	50911.50	4209.04
申报IPO辅导的新三板企业					122690.33	22.12	72444.35	5545.10
园区平均水平					37500.69	86.17	16083.35	790.94

资料来源：Wind，中信建投证券研发部。

从2009年7月久其软件成为中关村园区第一家从新三板摘牌的企业至今，共有212家中关村园区企业从新三板退市，占新三板累计退市数量的12.23%。从时间上看，经历了2015~2016年的挂牌高峰期后，2017~2018年园区迎来了退市潮，2017年共有72家企业从新三板退市，2018年前8个月更是累计有113家退市，其中90%为2015年以后挂牌的企业，园区新三板挂牌企业格局迎来新一轮洗牌。从退市企业行业分布上看，园区退市企业所属行业与中关村园区整体分布基本类似，以信息技术行业为主，其次为工业、可选消费等。就退市原因而言，15家园区企业从新三板摘牌后进行了转板上市，此外的绝大部分企业是由于生产经营调整及其他不符合挂牌的情形选择退市（见图28至图30）。

中关村园区：创新创业基地，新三板市场发展的重要动力

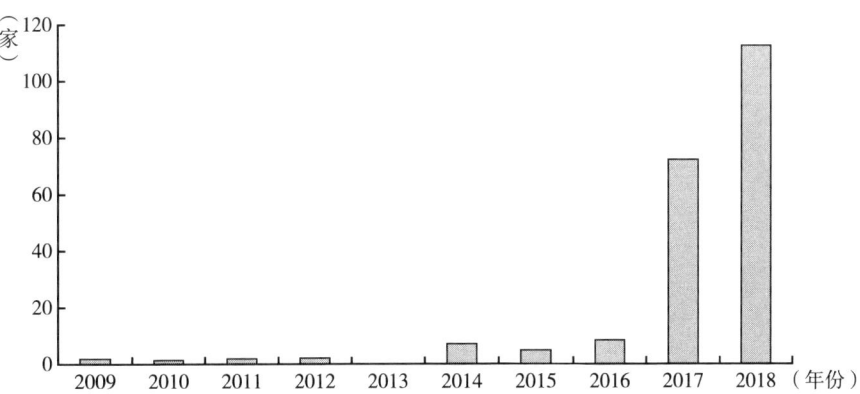

图 28 2009~2018 年中关村园区新三板企业年度退市数量

资料来源：Wind，中信建投证券研发部。

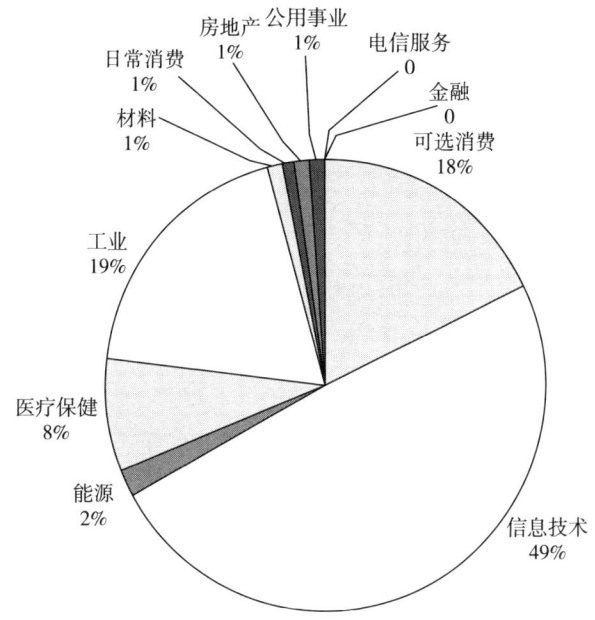

图 29 中关村园区新三板退市企业行业分布

资料来源：Wind，中信建投证券研发部。

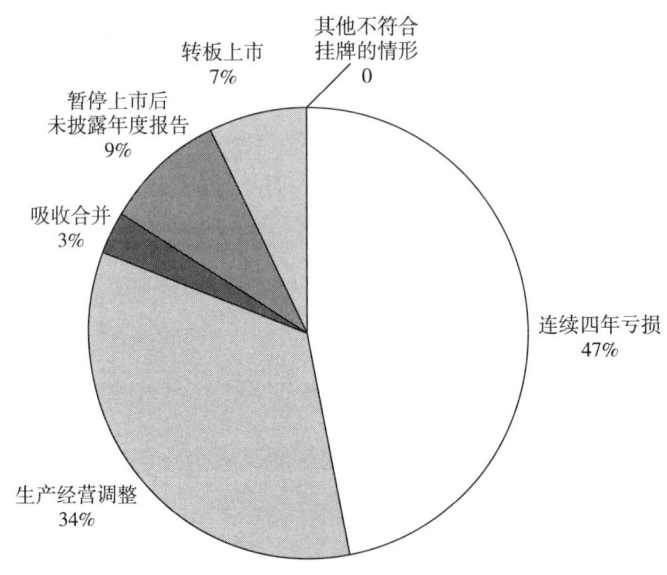

图 30　中关村园区新三板企业退市原因分布

资料来源：Wind，中信建投证券研发部。

相对于新三板退市企业平均 5.28 亿元的市值水平，中关村园区企业平均退市市值达到 7.93 亿元，其中酒仙网退市时参考总市值达到 204.31 亿元，位列新三板退市企业第二，新三板退市企业市值前十中有一半是来自中关村园区的企业。这些市值较高、发展情况较为良好的企业受到 A 股新经济企业上市潮、港股 AB 股新政等影响，大多选择摘牌赴 A 股、港股上市，如市值达 76.5 亿元的新东方网于 2018 年 2 月完成新三板摘牌后，不到半年就向港交所提交了招股书。此外约 30 家从属于基础层的园区企业也完成了退市，在新三板向创新层倾斜的政策导向之下，一些规模偏小、增长潜力较小的基础层企业也选择了退出。总体而言，从新三板退市的园区企业平均营业收入为 2.04 亿元，平均净利润为 1844.16 万元，低于新三板全体退市企业平均营业收入 2.77 亿元、平均净利润 2253.80 万元的水平，但要高于中关村园区整体的营业收入与净利润水平（见表4），这些表现相对较好的园区企业从新三板的退出，一定程度上反映了目前新三板流动性较低、优质企业被低估等问题。

表4 中关村园区新三板企业退市市值TOP10

证券名称	挂牌日期	退市日期	行业	终止上市原因	参考总市值（亿元）	营业收入（亿元）	净利润（亿元）
酒仙网	2015/10/29	2017/06/30	可选消费	生产经营调整	204.31	25.16	-2.10
华图教育	2014/07/23	2018/02/13	可选消费	其他不符合挂牌的情形	131.68	21.09	3.59
盛景网联	2015/07/29	2017/07/14	工业	其他不符合挂牌的情形	88.80	2.67	0.49
新东方网	2017/03/21	2018/02/14	信息技术	其他不符合挂牌的情形	76.50	4.69	0.85
光影侠	2014/09/11	2017/03/30	工业	其他不符合挂牌的情形	71.35	5.81	1.06
盖娅互娱	2012/12/24	2018/05/11	可选消费	生产经营调整	59.00	7.29	1.83
高思教育	2016/12/20	2018/07/20	可选消费	生产经营调整	39.80	4.88	0.75
灵思云途	2016/09/03	2018/02/28	可选消费	其他不符合挂牌的情形	34.99	12.71	0.73
天阳科技	2016/01/23	2017/06/07	信息技术	生产经营调整	32.87	3.36	0.52
东方略	2012/12/27	2018/05/21	工业	其他不符合挂牌的情形	27.65	0.16	-0.17
中关村园区退市企业平均水平					7.93	2.04	0.18
新三板退市企业平均水平					5.28	2.77	0.23
中关村园区企业平均水平					3.75	1.61	0.08

资料来源：Wind，中信建投证券研发部。

四 总结：创新创业基地，新三板市场发展重要动力

自 2006 年 1 月 16 日中关村科技园区非上市公司股份报价转让试点开始，中关村园区凭借其强大的创新创业基因，为新三板市场发展做出了巨大的贡献。从 2006 年 1 月至 2018 年 8 月，共有 1454 家中关村园区企业在新三板挂牌，是新三板市场交易不可忽视的重要组成部分。截至 2018 年 8 月，在新三板挂牌交易的 1242 家园区企业中有 631 家为 IT 类企业，信息技术产业集中度高达 50%，制造业、科学研究与技术服务、信息传输等工业类企业也占到 22%，与文化、体育、教育、娱乐等领域相关的可选消费类企业占总数的 12%，体现出园区在高新技术领域的积淀与进取。

园区作为创新创业的示范基地，一方面承担起成长型中小企业的孵化器，目前园区新三板挂牌企业中 611 家园区新三板挂牌企业市值在 1 亿元以下，2017 年 408 家园区挂牌企业出现了亏损；另一方面也成为诸多创新型大企业腾飞的摇篮，目前市值突破 10 亿元的园区挂牌企业有 85 家，其中神州优车凭借 452.01 亿元的参考总市值成为新三板市值最大的企业，园区龙头企业平均营业收入为 39.49 亿元，平均净利润达 2.25 亿元，业绩表现良好。2017 年 127 家园区企业营业收入翻了至少一番，18% 的企业净利润增长率超过 100%，33 家企业净利润增长超过 10 倍。强劲的增长动力与园区在创新方面的积累不无关系，2017 年园区挂牌企业平均研发费用达 843.36 万元，平均研发强度为 5.74%，专利授权量连续四年上升，为企业在前沿领域的进取打下了扎实的基础。

自新三板成立以来，中关村园区企业始终是新三板市场交易中不可忽视的重要力量。目前，仍在新三板挂牌的园区企业累计交易额达到 1119.54 亿元，占新三板历史累计总交易额的 19.54%，其中有 32

家企业累计交易额突破了 10 亿元。截至 2018 年 8 月，累计共有 720 家中关村园区新三板挂牌企业实施了定向增发，占新三板总数的 13.09%，平均实际募资总额达到 8973.65 万元，高于新三板 6949.87 万元的平均水平。此外园区还往往成为市场潮流的风向标，在近几年的摘牌、上市潮中均有突出表现，目前新三板 445 家 IPO 辅导企业中有 46 家来自中关村园区，占比 10.33%，其中 7 家已经完成了首次公开发行，占新三板 73 家完成 IPO 辅导的企业的 9.59%；与此同时，2017 年共有 72 家企业从新三板退市，2018 年前 8 个月更是累计有 113 家退市，进一步推动新三板市场格局变迁。

总的来看，中关村园区依靠突出的创新能力与发展潜力，培养出一大批优秀的、在前沿领域有所突破的明星企业，不仅是新三板的摇篮，还是推动新三板市场改革发展的一支重要力量。

企业成长篇

Enterprises Growth Reports

B.8
2017年中关村新三板企业经营状况研究报告

中关村上市公司协会研究部*

摘　要： 本报告从营业收入、毛利润、净利润、期间费用的角度描述和分析了中关村新三板企业经营状况。同时，为了排除新挂牌企业对指标数量的影响，本报告进一步研究了2016~2017年持续挂牌公司状况的经营状况。报告结论显示，2017年，在全国新三板市场整体情况不景气的大环境下，中关村新三板企业营业收入、毛利润、净利润等指标均持续上升，创新层企业更为突

---

* 本文由中关村上市公司协会研究部完成，主要执笔人：陈红，中关村上市公司协会研究部主任，负责中关村区域经济研究工作；葛琰，中关村上市公司协会助理研究员，主要从事中关村区域经济研究工作；孔柳絮，中国社会科学院大学税务硕士。

出，凸显其经营业绩的成长性。同时，其各项期间费用率总体趋势呈缓慢下降态势，表明中关村新三板企业的管理和销售成本逐步得到有效管控，企业的营业收入质量整体提升，赢利能力增强。对持续经营企业的分析显现出与整体相似的特征。

关键词： 中关村新三板　营业收入　毛利润　净利润　期间费用

一　营业收入状况

（一）2017年中关村新三板公司营业收入总体状况

2017年，中关村新三板公司总营业收入达到2421.48亿元，同比增长7.36%；企业平均营收达到1.67亿元，同比增长9.15%（见图1）。其中，创新层企业总营收为998.93亿元，占比41.25%；基础层企业总营收为1422.55亿元，占比58.75%。创新层企业平均营收为4.95亿元，基础层企业平均营收为1.14亿元（见图2）。

从成长性来看，2017年，中关村新三板公司实现营业收入同比正增长的企业有954家，占比65.98%。其中，135家企业营业收入增长率超过100%，更有9家企业营业收入增长率超过1000%。从分层来看，创新层有76.73%（155家）的企业实现营业收入同比正增长，基础层有64.23%（799家）的企业实现营业收入同比正增长。

（二）2017年中关村新三板企业营业收入分布状况

2017年，1446家中关村新三板企业中，营业收入达10亿元以上的公司有26家，占中关村新三板企业总数的1.80%，其营收总计达

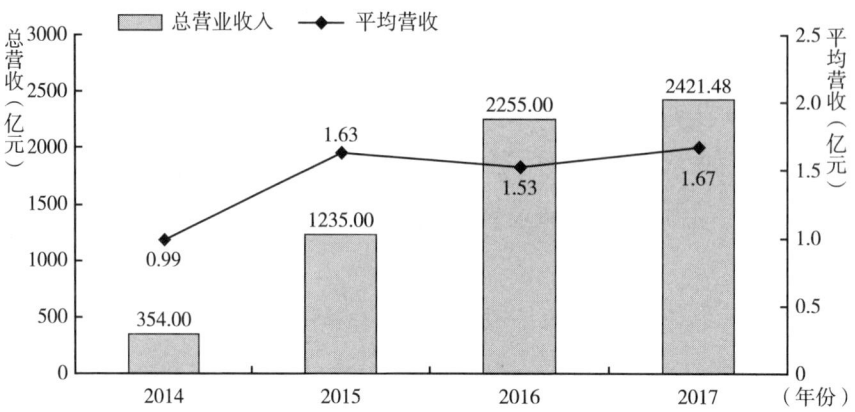

图 1 2014～2017 年中关村新三板企业总营收及平均营收变化情况

资料来源：Wind，中关村上市公司协会整理。

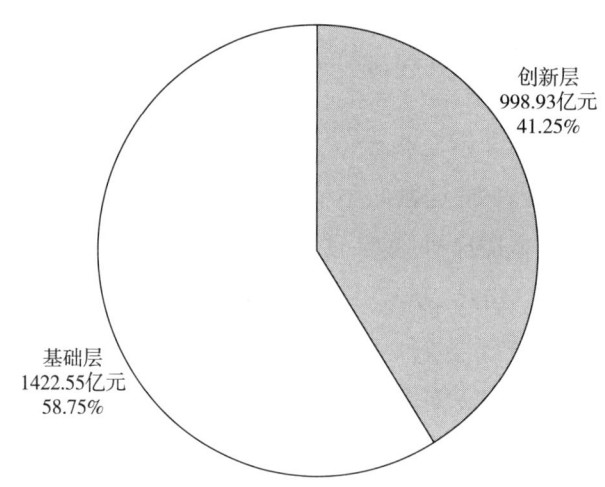

图 2 2017 年中关村新三板企业总营业收入分层分布情况

资料来源：Wind，中关村上市公司协会整理。

到 958.70 亿元，占总营收的 39.59%；营业收入 5 亿～10 亿元的公司有 41 家，占中关村新三板企业总数的 2.84%，其营收总计达到 283.23 亿元，占总营收的 11.70%；营业收入 2 亿～5 亿元的公司有 159 家，占中关村新三板企业总数的 11.00%，其营收总计达到 474.70

亿元，占总营收的19.60%；营业收入1亿~2亿元的公司有245家，占中关村新三板企业总数的16.94%，其营收总计达到336.16亿元，占总营收的13.88%；营业收入5000万~1亿元的公司有302家，占中关村新三板企业总数的20.89%，其营收总计达到219.78亿元，占总营收的9.08%；营业收入5000万元以下的公司有673家，占中关村新三板企业总数的46.54%，其营收总计达到148.91亿元，占总营收的6.15%。综上可见，中关村新三板企业中，少数大公司拥有大量的营业收入，形成了引领带动区域经济发展的格局（见图3）。

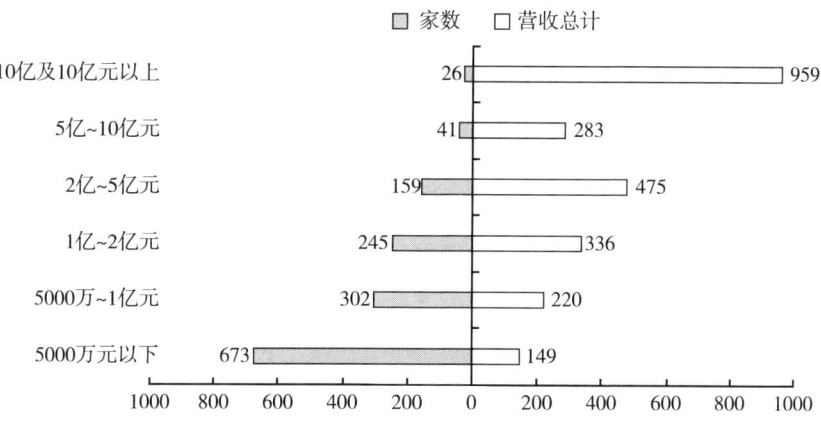

图3 2017年中关村新三板企业营业收入分布状况

资料来源：Wind，中关村上市公司协会整理。

（三）2017年中关村新三板公司营业收入排名（前30）

2017年，营业收入排名前30的中关村新三板公司营业收入合计为974.49亿元，占总营业收入的40.24%。全国新三板公司该年营业收入前30名中，共有7家为中关村企业（包括：翰林汇、中建信息、神州优车、九鼎集团、亿兆华盛、颖泰生物、中科软），累计营业收入为639.04亿元，占全国新三板公司营业收入前30的公司累计营业收入（3555亿元）的17.98%（见图4）。

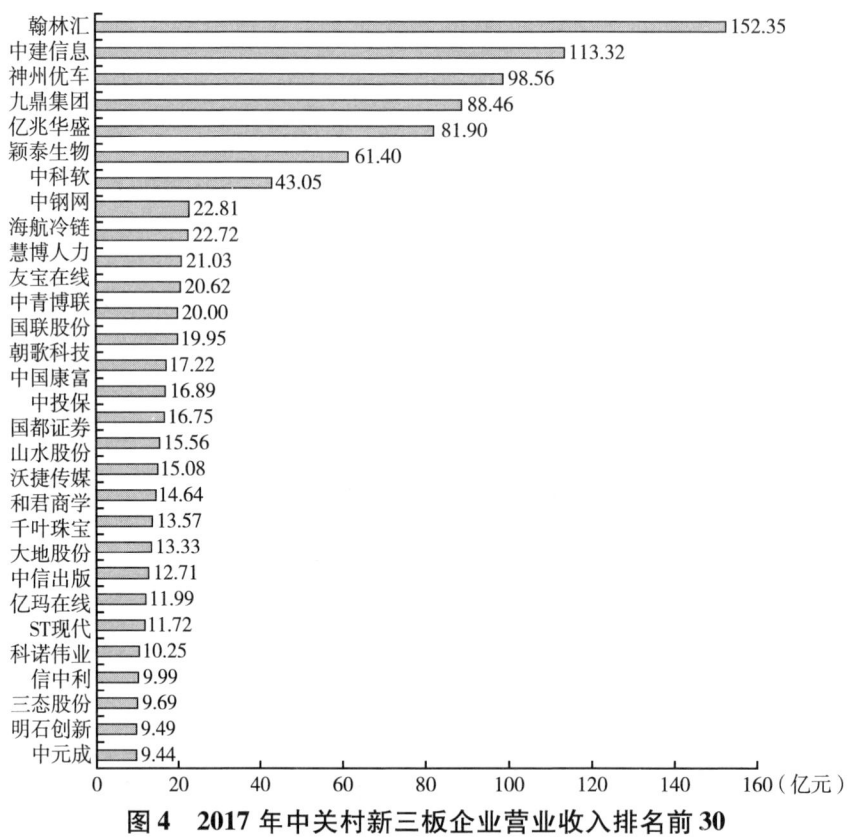

图 4　2017 年中关村新三板企业营业收入排名前 30

资料来源：Wind，中关村上市公司协会整理。

剔除掉金融类企业①，2017 年，营业收入排名前 30 的中关村新三板非金融公司营业收入合计为 888.80 亿元，占中关村新三板非金融公司总营业收入（2224.12 亿元）的 39.96%，进入非金融类企业营业收入前 30 名的基准为 7.65 亿元。前 30 名当中，有两家公司的营业收入超过 100 亿元，分别是以笔记本电脑分销为主的 IT 产品销售服务商翰林汇，以及从事华为及其他 ICT 产品增值分销商头部企业中建信息，营业收入分别为 152.35 亿元、113.32 亿元；而上年只有翰林汇一家营收过百亿元的非金融企业（见图 5）。

---

① 22 家金融类企业营收合计达到 197.35 亿元（占比 8.15%）。

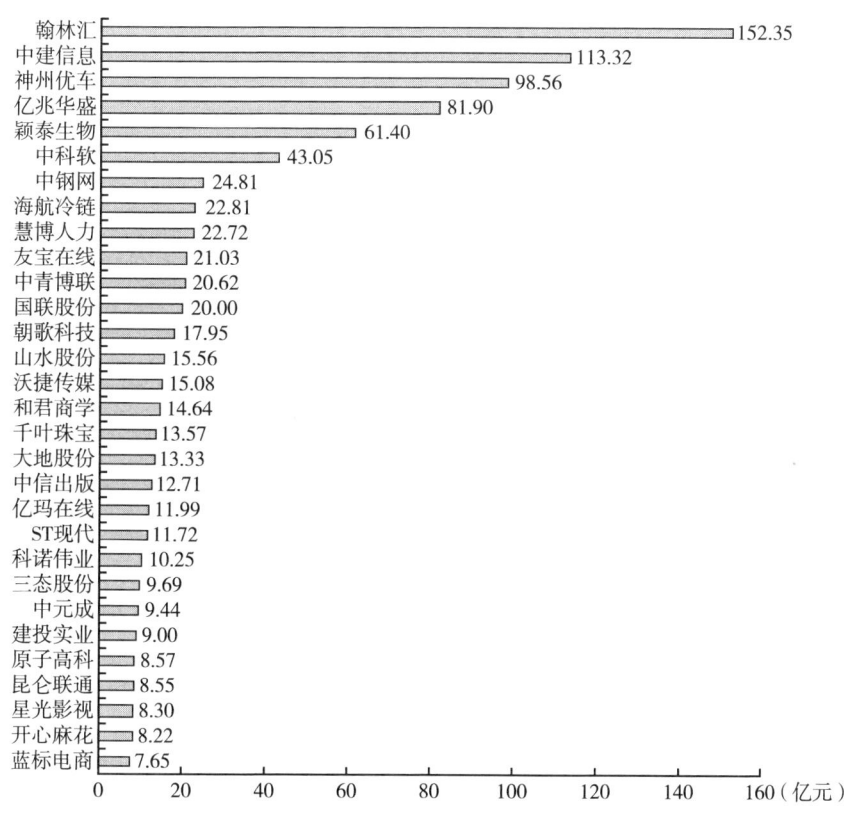

图 5　2017 年中关村新三板非金融公司营业收入排名前 30

资料来源：Wind，中关村上市公司协会整理。

二　毛利润状况

（一）2017 年中关村新三板公司毛利润状况

2017 年，中关村新三板公司毛利润总额达到 627.59 亿元，同比增长 4.32%；中关村新三板公司的平均毛利润为 4340 万元，同比上涨 4.88%。2017 年中关村新三板公司的毛利率①为 25.92%，高于全

---

①　毛利率 = 毛利润/营业收入。

国新三板公司毛利率（22.26%）、中关村境内上市公司毛利率（18.12%）。中关村新三板创新层企业的毛利率为22.23%，基础层企业的毛利率为28.51%（见图6）。

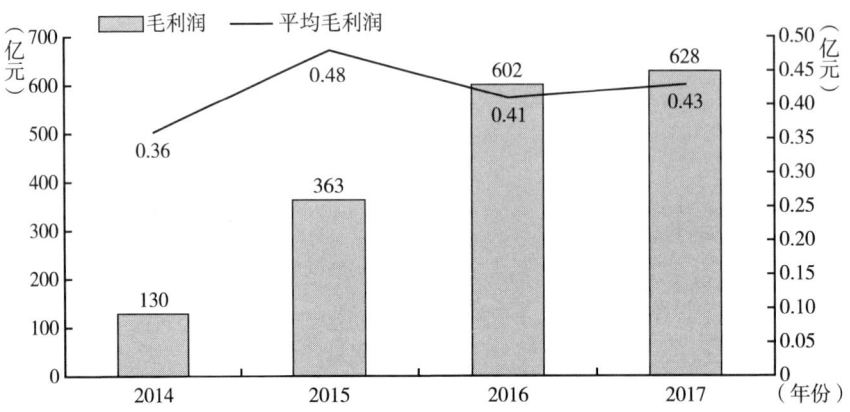

图6　2014~2017年中关村新三板企业毛利润变化情况

资料来源：Wind，中关村上市公司协会整理。

（二）2017年中关村新三板公司毛利润排名状况（前30）

2017年，毛利润排名前30的中关村新三板公司毛利润合计为165.24亿元，占总额的26.33%。其中3家公司毛利润超过10亿元，分别是神州优车、友宝在线、颖泰生物。同时，神州优车、友宝在线、颖泰生物、中科软、硅谷天堂、中建信息六家公司也在全国新三板公司毛利润排名前30名中（见图7）。

2017年，进入中关村新三板企业毛利率排名前30的基准为88.84%。毛利率排名前30的企业中，信息传输、软件和信息技术服务业企业有16家，占53.33%。有2家企业毛利率达100%，分别是主营个人本外币兑换业务的金融企业——联合货币[①]，以磁控溅射镀

[①] 联合货币营业收入为93600584.56元，营业成本0元，毛利率100%。主要是由于该公司从事货币兑换业务，收入来自汇差收益，因此无相应的成本产生。

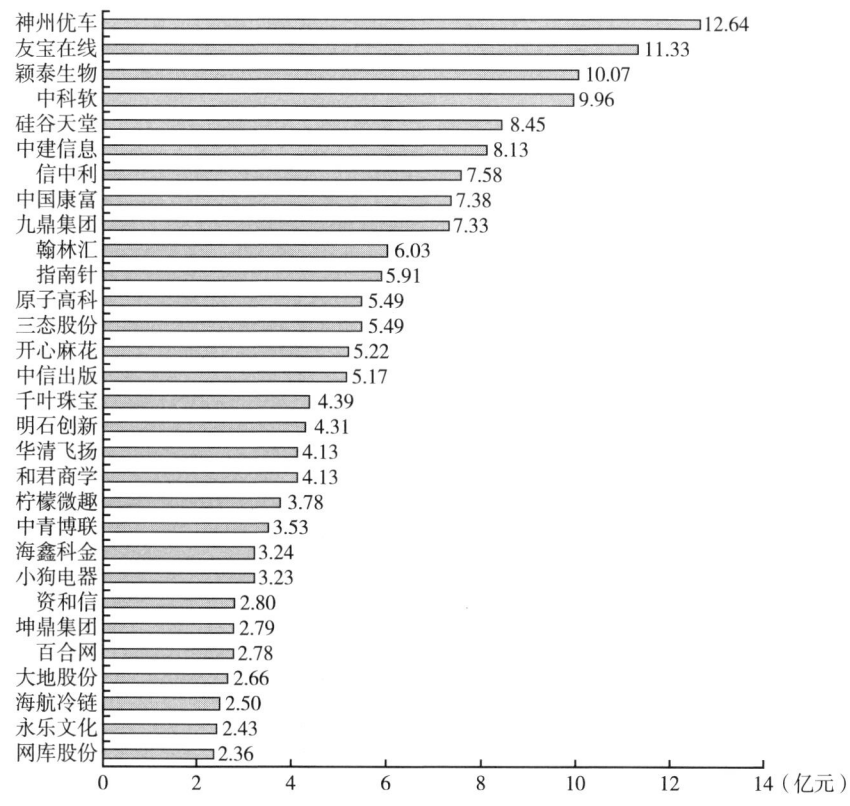

图7 2017年中关村新三板企业毛利润排名前30

资料来源：Wind，中关村上市公司协会整理。

膜技术为核心的高新技术企业——中奥汇成①（见图8）。

剔除掉金融类企业②，2017年，中关村新三板非金融类企业毛利润排名前30名的公司累计毛利润达到140.49亿元，占非金融企业毛利润合计的24.19%，进入非金融企业毛利润前30名的基准毛利润为2.18亿元。排名前三的分别是从事互联网专车服务的神州优车、以智

---

① 中奥汇成营业收入为41245.55元，营业成本0元，毛利率100%。主要是由于该公司目前以专利技术所研发产品的注册证尚在申请中，故报告期无主营业务收入及成本。营业收入均来自其他业务收入，金额微小且无成本。
② 22家金融类企业毛利润合计达到46.86亿元（占比7.47%）。

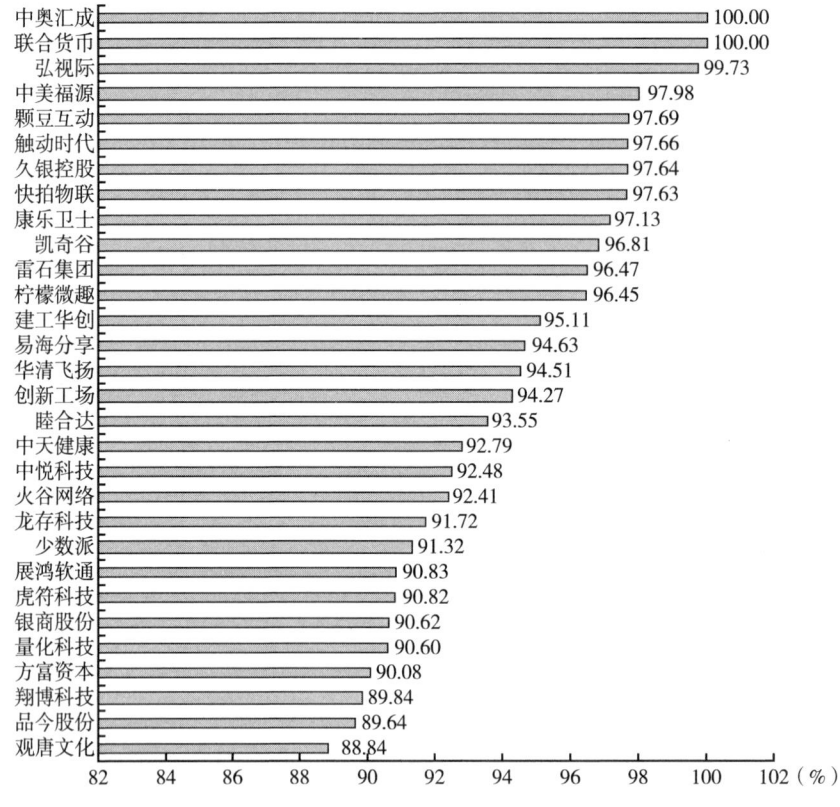

图 8　2017 年中关村新三板企业毛利率排名前 30

资料来源：Wind，中关村上市公司协会整理。

能自动售货机为渠道销售日用快消品的友宝在线和专注于农药领域的颖泰生物。在中关村新三板非金融公司毛利润排名前 30 的企业中，有 12 家公司毛利率超过 50%。12 家企业中有 6 家为信息传输、软件和信息技术服务业企业，其中以互联网游戏为主要业务的华清飞扬的毛利率高达 94.51%，以手机游戏为主要业务的柠檬微趣的毛利率更是高达 96.45%。这与产业经营特性相关，因为游戏类企业在开发出一个软件产品后，可以在一段时间内获得相应的收入，稀释生产成本而提高毛利率（见图 9）。

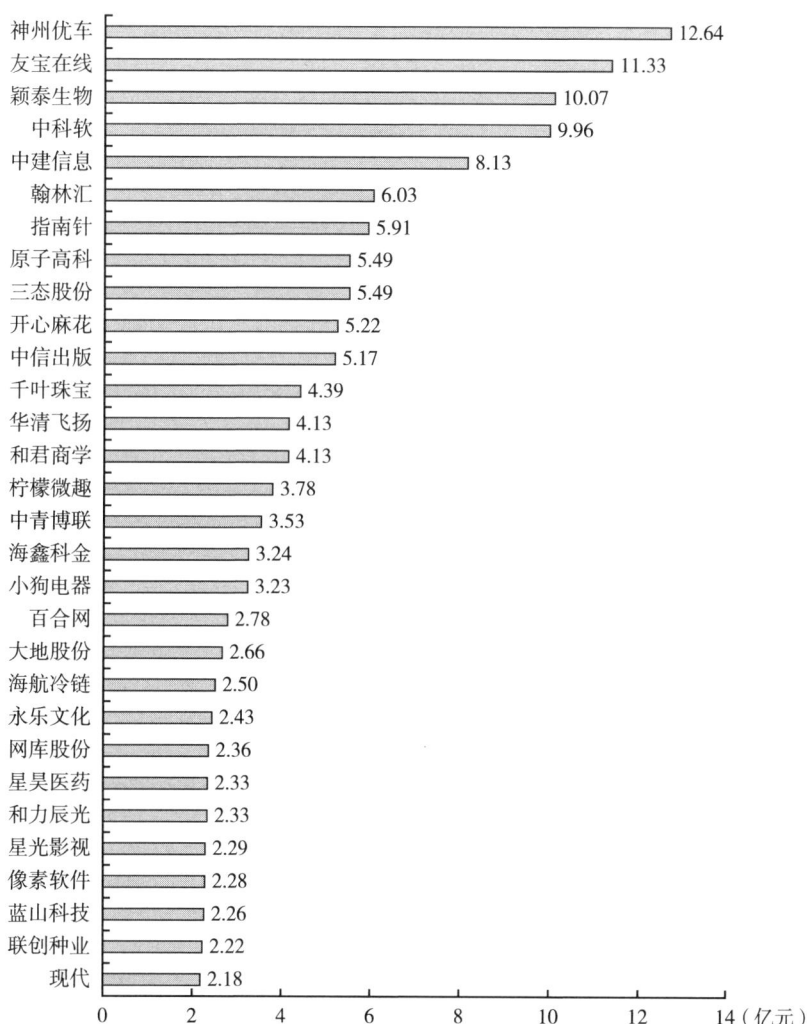

图9　2017年中关村新三板非金融企业毛利润排名前30

资料来源：Wind，中关村上市公司协会整理。

2017年，进入中关村新三板非金融企业毛利率排名前30的基准为88.35%。其中，信息传输、软件和信息技术服务业企业有19家（见图10）。

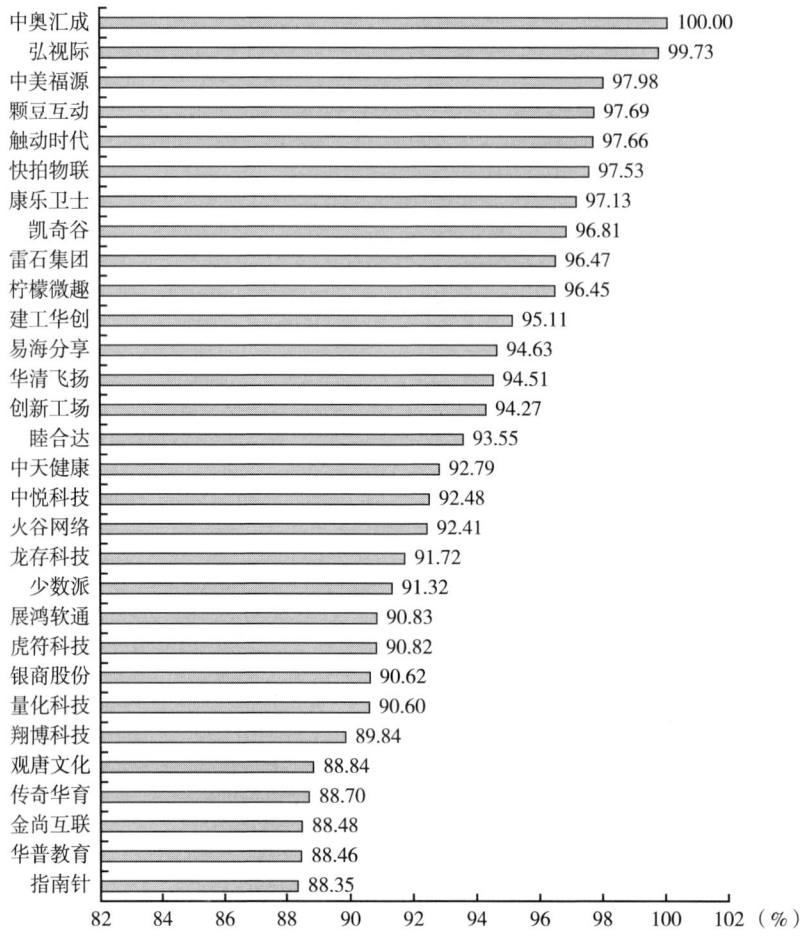

图10 2017年中关村新三板非金融企业毛利率排名前30

资料来源：Wind，中关村上市公司协会整理。

三 净利润状况

（一）2017年中关村新三板公司净利润状况

2017年，中关村新三板公司净利润总额达到141.88亿元，同比增长16.12%；中关村新三板公司平均净利润为981万元，同比上涨18.29%。其中，创新层企业净利润为46.10亿元，占比32.49%；基础层企业净利润为95.78亿元，占比67.51%。创新层企业平均净利润为2282万元，基础层企业平均净利润为770万元。

从成长性来看，2017年，中关村新三板公司实现净利润同比增长的企业有661家，占比45.71%。其中，264家企业净利润增长率超过100%，更有36家企业净利润增长率超过1000%。从分层来看，创新层有55.94%（113家）的企业实现净利润同比正增长，基础层有44.05%（548家）的企业实现净利润同比正增长。

832家（占总数的57.54%）赢利企业的净利润分布在3000万元以下，净利润3000万~5000万元、5000万~8000万元和8000万元以上的企业总数为78家、30家和38家，占比为5.39%、2.07%和2.63%；468家（占比为32.37%）公司尚未赢利，净利润总计-61.97亿元，比2016年尚未赢利企业的净利润（-97亿元）上升36%（见图11）。

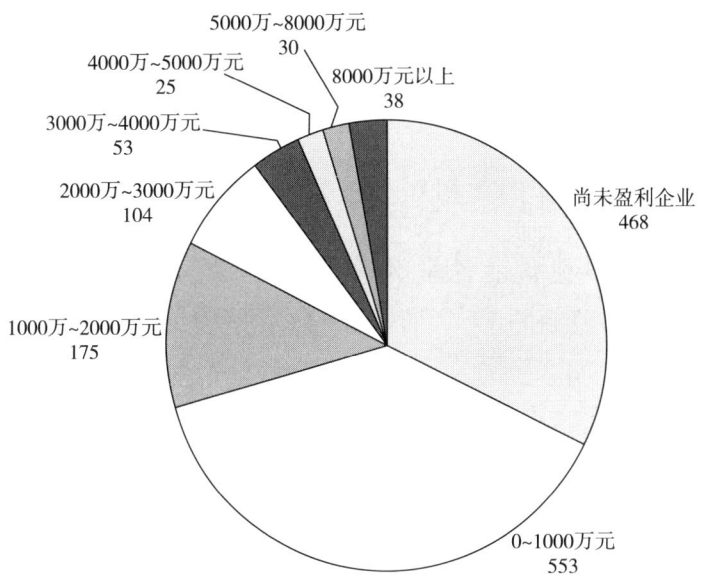

图11　2017年中关村新三板企业净利润分布状况

资料来源：Wind，中关村上市公司协会整理。

2017年，中关村新三板公司中，有978家公司实现赢利，占中关村新三板公司总量的67.63%，其净利润合计为203.85亿元。相较于前三年赢利企业数量与赢利企业净利润之和的持续上涨，2017年中关村新三板当中实现赢利的企业数量和赢利企业净利润之和首次出现轻微下降（见图12）。

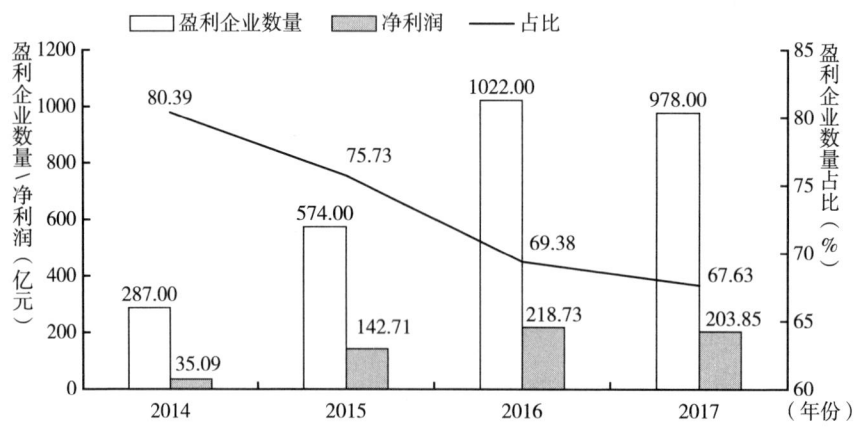

图12　2014~2017年中关村新三板赢利企业分布情况

资料来源：Wind，中关村上市公司协会整理。

（二）2017年中关村新三板公司净利润排名状况（前30）

2017年，净利润排名前30的中关村新三板公司净利润合计81.15亿元，占总额的57.20%。同时，九鼎集团、国都证券、明石创新、中投保、硅谷天堂、中国康富六家公司进入全国新三板公司净利润前30，净利润合计为42.83亿元，占全国新三板公司净利润前30名累计净利润的20.62%（见图13）。

中关村新三板公司平均净利率[①]为5.86%，略高于全国新三板公

---

① 净利率 = 净利润/营业收入。

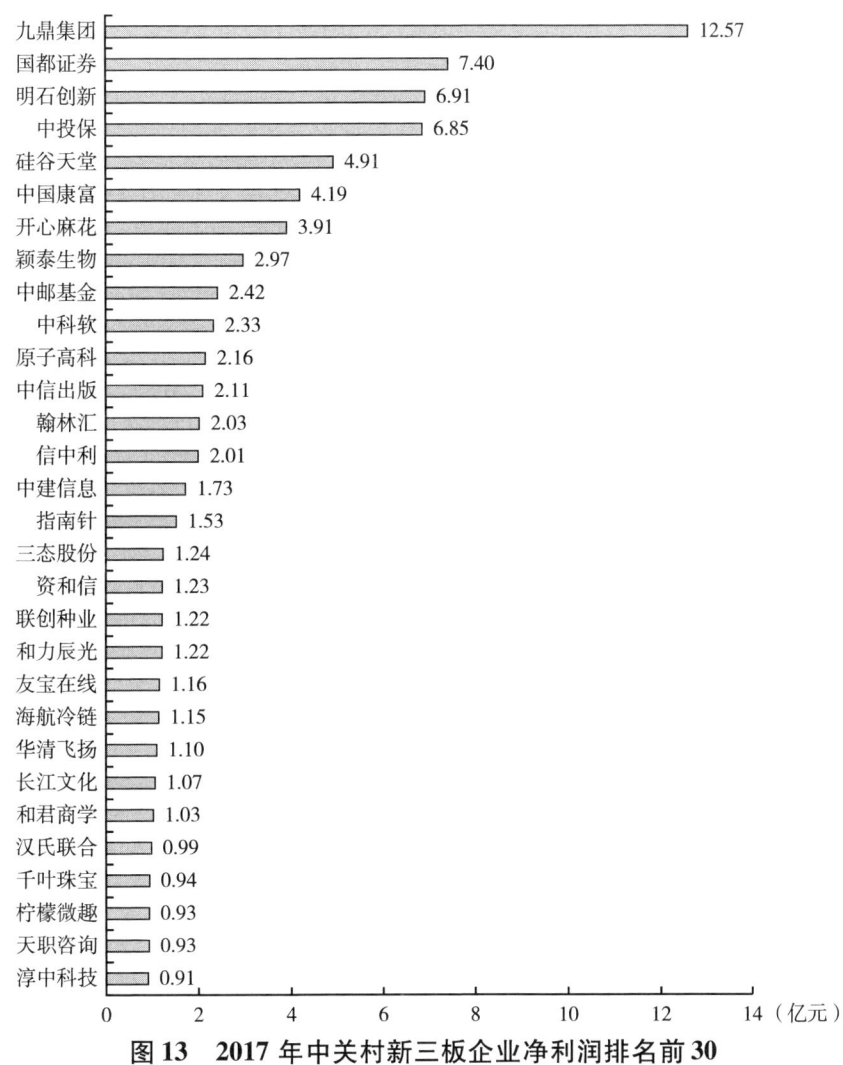

图13 2017年中关村新三板企业净利润排名前30

资料来源：Wind，中关村上市公司协会整理。

司5.84%的平均净利率。中关村新三板公司净资产收益率[1]（ROE）

---

[1] 净资产收益率（Rate of Return on Common Stockholders' Equity, ROE）=净利润/平均净资产，指挂牌公司单位数量净资产可以获得的利润回报，是衡量上市公司赢利能力的重要指标。一般认为，企业净资产收益率越高，企业自有资本获取收益的能力越强，运营效益越好，对企业投资人、债权人的保证程度就越好。

为5.98%，其中，创新层企业ROE为6.89%，基础层企业ROE为5.62%。中关村创新层企业获取收益的能力良好，企业运营效益较高。但和全国相比，中关村新三板公司的净资产收益率整体低于全国水平。①

剔除掉金融类企业②，2017年，净利润排名前30的中关村新三板非金融企业净利润合计40.02亿元，占中关村新三板非金融类企业总净利润的43.97%，进入非金融企业净利润前30名的基准为0.72亿元。高净利润的前30家企业的赢利能力较为突出，对中关村新三板总盘的引领作用和龙头效应明显。2017年中关村新三板非金融公司中，排名第一的是开心麻花，其净利润高达3.91亿元，净利率为47.53%（见图14）。

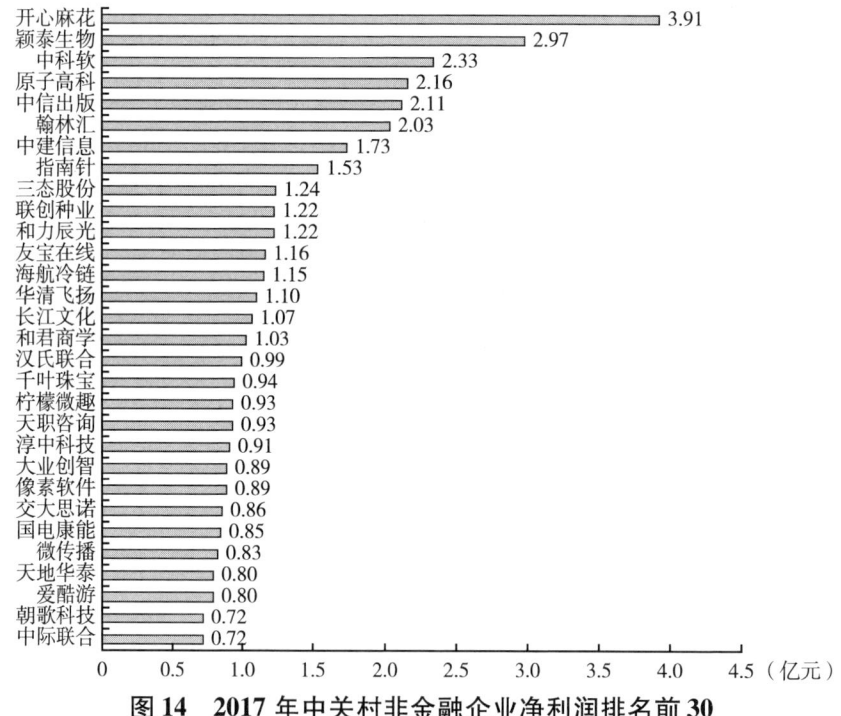

图14　2017年中关村非金融企业净利润排名前30

资料来源：Wind，中关村上市公司协会整理。

---

① 全国新三板公司的ROE为8.44%，其中，创新层公司ROE为10.04%，基础层公司ROE为7.81%。
② 22家金融类企业净利润合计达到50.82亿元（占比35.82%）。

2017年，进入中关村新三板企业净利率排名前30的基准为38.51%，2016年基准为41.05%。其中，有3家中关村新三板企业净利率超过100%，排名第一的摩点文娱是一家从事互联网的电子商务行业的营销、咨询，项目投资顾问及相关业务的企业，2017年净利率达25037.33%超高水平，但毛利润是负的。之所以净利水平超高，是因为2017年的摩点文娱的主营业务虽然尚未赢利，但获得了超高水平的投资收益。除摩点文娱之外，还有两家公司的净利率也超过了100%，分别是雷石集团232.31%、九天云竹120.77%[①]（见图15）。

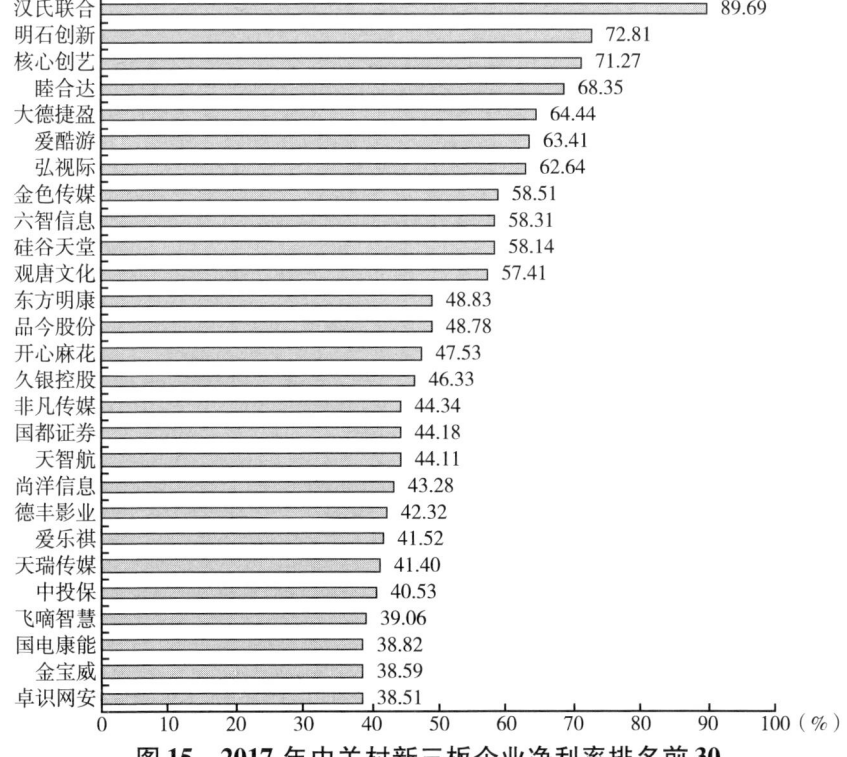

图15　2017年中关村新三板企业净利率排名前30

注：为了使图形更直观，作图时没有加入摩点文娱、雷石集团、九天云竹三家公司，仅包括其余27家企业。

资料来源：Wind，中关村上市公司协会整理。

---

① 雷石集团、九天云竹两家企业同样是因为获得了超高水平的投资收益而使净利率超过100%。

剔除掉金融类企业，2017年中关村新三板企业净利率排名前30的基准为36.35%，比2016年基准39.08%下降2.73%。30家企业中，有11家为文化、体育和娱乐业企业，10家为信息传输、软件和信息技术服务业企业（见图16）。

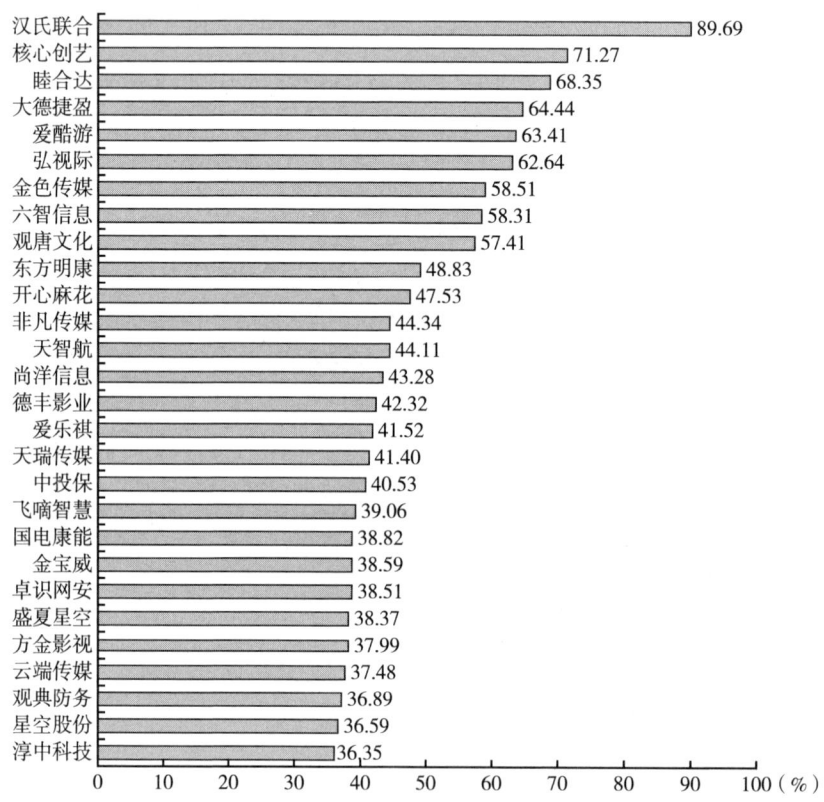

图16　2017年中关村新三板非金融企业平均净利率排名前30

资料来源：Wind，中关村上市公司协会整理。

四 期间费用状况

(一) 2017年中关村新三板公司期间费用状况

2017年,中关村新三板公司三项期间费用①(销售费用、管理费用和财务费用)共计528亿元,与上年530亿元相比,几乎无变化。其中,销售费用共186.77亿元,较上年增长5.06亿元,增幅为2.78%;管理费用共计322.26亿元,和上年基本持平;财务费用达到19.16亿元,较上年减少6.74亿元,减幅为26.02%。从平均数层面分析,2017年中关村新三板企业仅销售费用的均值较上年略微上升,管理费用与财务费用的均值出现下降(见图17、表1)。

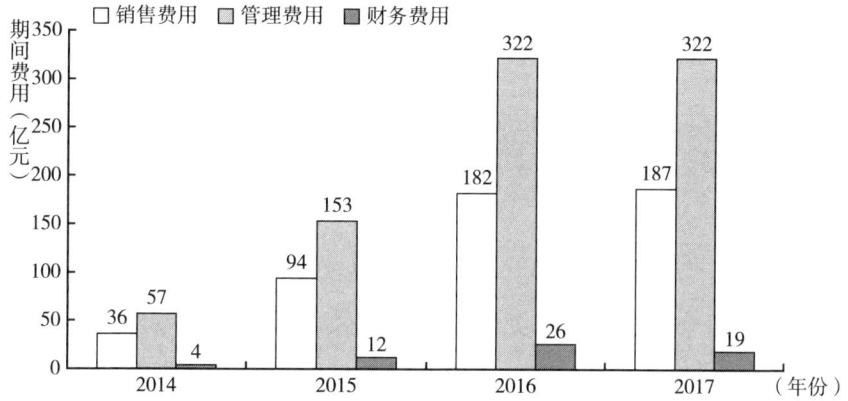

图17 2014~2017年中关村新三板企业期间费用情况

资料来源:Wind,中关村上市公司协会整理。

---

① 期间费用是指企业为组织和管理企业生产经营、筹集生产经营所需资金以及销售商品等而发生的各项费用,包括管理费用、财务费用、销售费用。其中,管理费用是指企业管理和组织生产经营活动所发生的各项费用;财务费用是指企业为进行资金筹集等理财活动而发生的各项费用;销售费用是指企业在销售过程中所发生的费用。

表 1　2016～2017 年中关村新三板企业三项费用均值对比

	销售费用	管理费用	财务费用
2016 年平均值(万元人民币)	1266.30	2253.14	180.46
2017 年平均值(万元人民币)	1291.63	2228.62	132.47

资料来源：Wind，中关村上市公司协会整理。

分析 2017 年三项费用构成，管理费用所占比重最大，达到 61.01%；其次为销售费用，占比 35.36%；财务费用所占比例最小，仅为 3.63%（见图 18）。

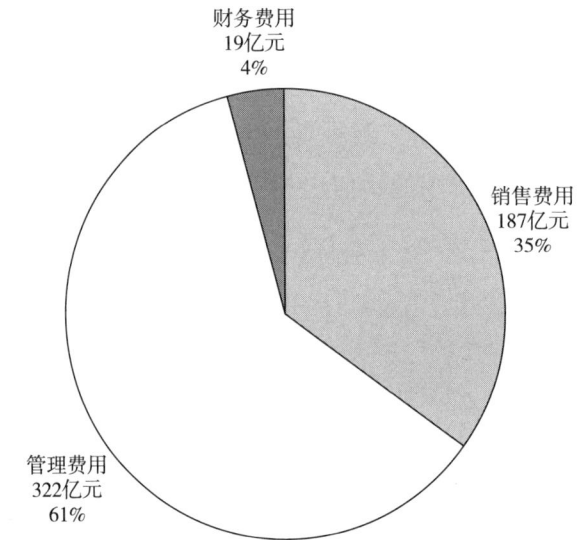

图 18　2017 年中关村新三板企业期间费用占比情况

资料来源：Wind，中关村上市公司协会整理。

（二）2017年中关村新三板公司期间费用率状况

2017 年，中关村新三板公司的管理费用率[①]、销售费用率[②]、财

[①] 管理费用率 = 管理费用/营业收入 ×100%。如果管理费用率高，说明企业的利润被组织、管理性的费用消耗得太多，必须加强管理费用的控制才能提高赢利水平。

[②] 销售费用率 = 销售费用/营业收入 ×100%。该指标体现企业为取得单位收入所花费的单位销售费用，或者销售费用占据了营业收入的多大比例。

务费用率①均较上年有所下降,且四年来三项费用率总体趋势呈缓慢下降态势,其中,销售费用率和管理费用率下降较为明显。结合四年来中关村新三板公司的营业收入稳步上升的态势,表明自2014年以来,中关村新三板企业的管理和销售成本得到有效管控,企业的营业收入质量整体提升,企业赢利能力增强(见图19)。

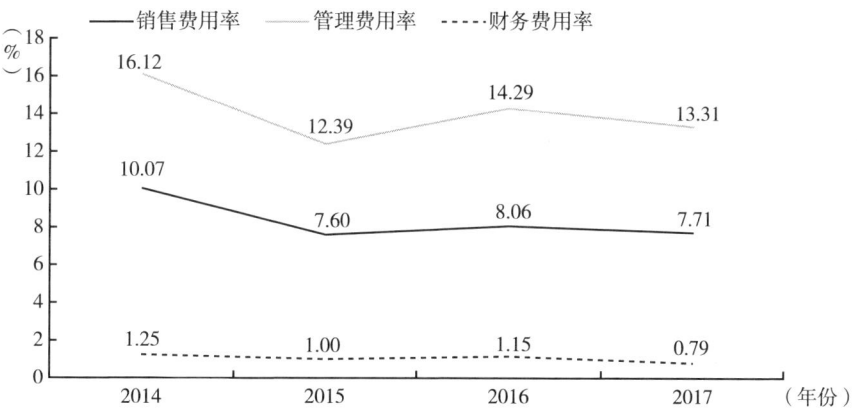

图19　2014~2017年中关村新三板企业期间费用率变化情况

资料来源:Wind,中关村上市公司协会整理。

(三) 2017年中关村新三板公司期间费用率与净利率的关系分析

分析中关村新三板公司三项期间费用率和净利率的关系,发现,管理费用率与销售费用率与公司净利率存在显著的相关性,而财务费用率与净利率的相关性较弱。具体来看,当公司净利率处于-100%以下时,管理费用率、销售费用率较高,分别达到176.18%与57.16%,远高于净利率处于-100%~0的公司的管理费用率、销售费用率;管

---

① 财务费用率=财务费用/营业收入×100%。企业可通过该指标分析企业的财务负担,调整筹资渠道,改善资金结构,提高赢利水平。

理费用率、销售费用率的均值在净利率为0~5%的区间达到最小，随后均出现上涨。但二者不同之处在于，当净利率达到10%~20%的组别后，管理费用率继续上升，而销售费用率整体呈减少趋势。这一现象表明，当企业赢利能力较强时，企业将更加注重管理方面的投入。财务费用率变动与净利率的联系则相关性较低，该比值一直处于较为平稳的状态，表明不论企业赢利能力如何，企业的财务需求相对稳定（见图20）。

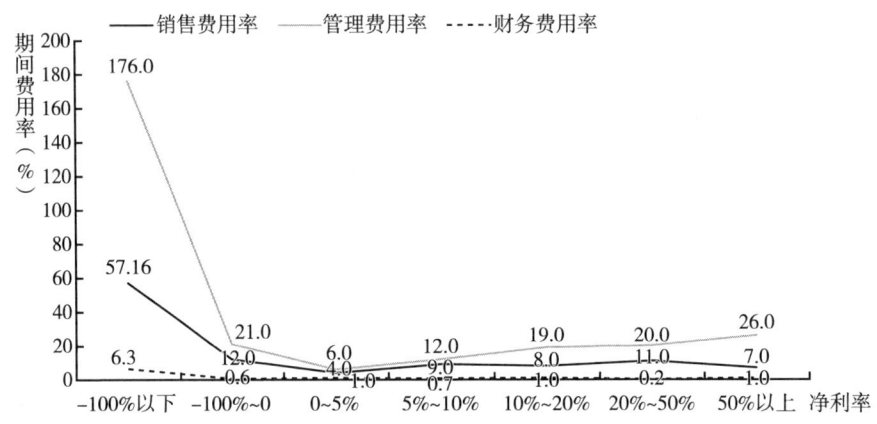

图20　2017年中关村新三板企业期间费用率和净利率的关系

资料来源：Wind，中关村上市公司协会整理。

五　2016~2017年持续挂牌公司状况

（一）中关村新三板持续挂牌公司概况

2016~2017年，中关村新三板持续挂牌的1232家企业[①]整体表现出良好的发展态势，尤其在市值、资产、营业收入方面有着较高的增长率。具体而言，持续交易企业总市值和总资产较2016年的数值均

[①] 此处研究样本为2016年12月31日至2017年12月31日期间持续在新三板市场的中关村企业。

出现超过20%的增长率;总营业收入也保持了14.49%的增长。研发投入基本保持稳定;因减税力度增大,企业缴纳所得税总金额有所下降;而在北京产业疏解的背景下,企业雇佣员工人数少量增加(见表2)。

表2 2016~2017年中关村新三板持续经营企业概况

	2016年	2017年	增长率(%)
总市值(亿元)	5169.73	6493.45	25.61
总资产(亿元)	3505.17	4336.43	23.72
总营业收入(亿元)	1878.08	2150.27	14.49
研发费用(亿元)	89.62	90.22	0.67
所得税(亿元)	33.84	31.94	-5.63
员工人数(人)	244961	257535	5.13

资料来源:Wind,中关村上市公司协会整理。

(二)中关村新三板持续挂牌企业赢利能力分析

总体来看,中关村新三板持续挂牌企业赢利能力较2016年出现较大幅度的增长,毛利润和净利润增长率分别达到21.57%和33.69%。创新层企业毛利润较上年出现43.35%的增长,而基础层则有52.93%的净利润增长。但值得注意的是,尽管在总体层面和基础层毛利率与净利率均有所增长,但创新层则在这两个指标中出现下降(见表3)。

表3 2016~2017年中关村新三板持续挂牌企业的赢利状况

所属分层	毛利润(亿元)			净利润(亿元)			毛利率		净利率	
	2016年	2017年	增长率(%)	2016年	2017年	增长率(%)	2016年(%)	2017年(%)	2016年(%)	2017年(%)
创新层	153.52	220.07	43.35	41.58	45.53	9.50	26.89	22.11	7.28	4.57
基础层	312.66	346.68	10.88	52.26	79.92	52.93	23.92	30.02	4.00	6.92
总体状况	466.19	566.75	21.57	93.84	125.45	33.69	24.82	26.36	5.00	5.83

资料来源:Wind,中关村上市公司协会整理。

经筛选，2015～2017年三年均在新三板持续挂牌的中关村企业共632家，对各企业三年的净利润之和进行统计，共5家三年净利润总和超过10亿元（占比0.79%），净利润之和在1亿～10亿元的企业共52家（占比8.23%），表明中关村新三板中存在一定数量赢利能力较强企业。但仍有225家企业（占比35.60%）三年净利润之和为负，其中有13家企业净利润合计超过-1亿元（见图21）。

三年净利润之和超过1亿元的中关村新三板企业（57家）中，30家在2017年12月31日时为创新层企业，占比52.63%，与基础层企业数量基本持平。从行业角度而言，排名前七均为金融及金融相关行业企业；信息传输、软件和信息技术服务业企业数量最多，达16家（占比28.07%）。

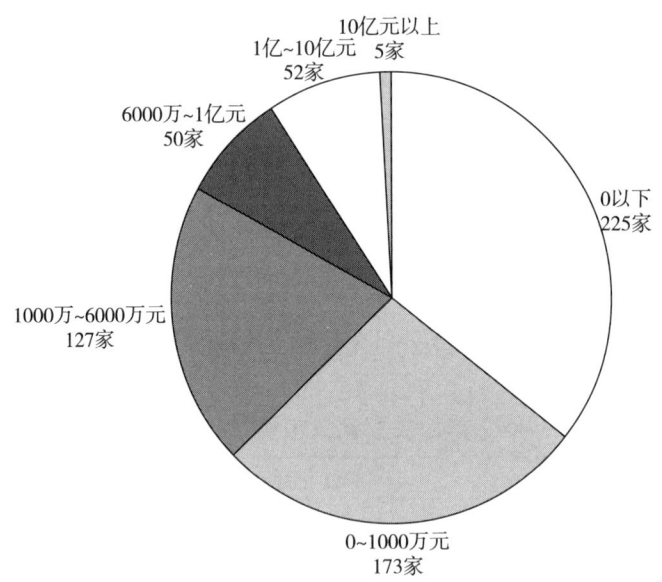

图21　中关村新三板持续挂牌企业三年净利润总和分布情况

资料来源：Wind，中关村上市公司协会整理。

B.9
2017年中关村新三板企业创新能力研究报告

中关村知识产权促进局*

摘　要： 本报告从研发投入和创新产出两个维度对中关村新三板企业创新能力进行了分析研究。研究结论显示，创新能力突出是中关村新三板企业的鲜明特点，近四年来，研发投入和专利产出双双增长，企业创新成果丰硕，创新能力进一步攀升。2017年，中关村新三板企业的创新要素供给能力稳步增强，持续激发着企业的创新活力，企业专利授权量稳步增长，部分创新成果跻身全球前列。

关键词： 中关村新三板　研发投入　创新产出

一　创新投入情况

（一）中关村新三板企业2017年研发投入情况

2017年，中关村新三板年报当中披露研发费用的企业有1142家（占中关村新三板企业总数的78.98%），这1142家企业研发费用合计98亿元，较上年降低13.27%。与前三年大幅增长的变化趋势相

---

* 中关村知识产权促进局是北京市知识产权局的直属事业单位，内设办公室（财务）、知识产权信息中心、专利技术转移中心、知识产权法律服务中心。促进局在业务上接受国家知识产权局和北京市知识产权局的监督和指导，配合中关村管委会为中关村示范区提供知识产权创造、运用、保护、管理等全方位的服务。

对比，首次出现下降的情况，历年平均研发费用的变化趋势也与研发费用变化趋势相同。2017年中关村新三板企业平均研发费用为854万元，共310家企业达到平均水平以上，占总量的27.15%。其中，研发费用在1亿元及以上的企业5家，处于100万~500万元的企业数量最多，共485家，占比42.47%（见图1、图2）。

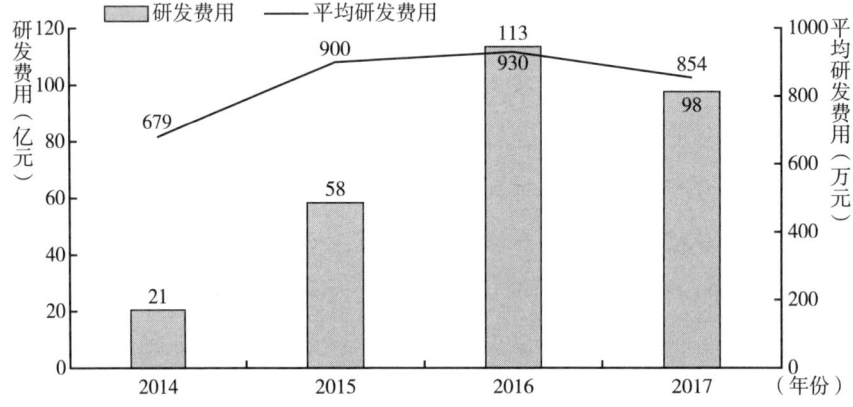

图1　2014~2017年中关村新三板研发费用变化情况

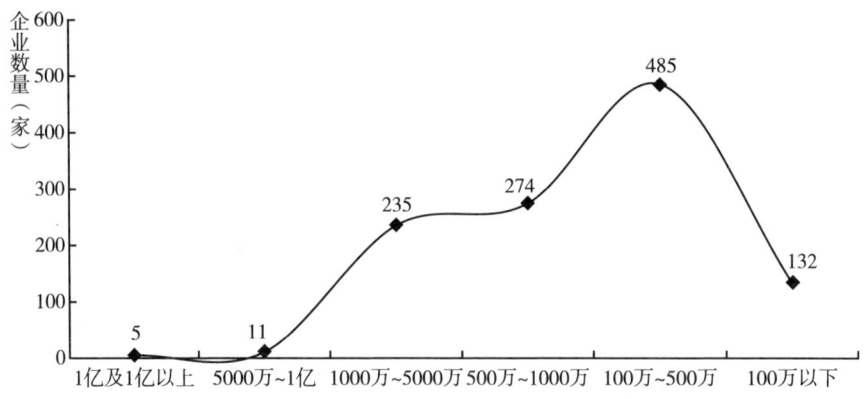

图2　2017年中关村新三板企业研发费用分布情况

2017年，中关村新三板企业平均研发强度为5.74%，较前三年略有下降。与此相比，2017年，全国新三板企业当中披露研发费用的企业共有8429家，研发费用合计达到604.02亿元，平均研发费用716.60

万元，平均研发强度为4.24%，中关村新三板企业平均研发费用和研发强度均高于全国新三板企业的水平。同时，中关村新三板企业的平均研发强度也普遍高于历年来中关村上市公司以及我国A股上市公司的平均研发强度，表明中关村新三板企业具有较高的成长性。

2017年，中关村创新层企业中共有182家企业在年报中披露了研发费用，合计达到37.22亿元，中关村创新层企业平均研发费用为2045.05万元；中关村基础层企业中共有960家企业在年报中披露了研发费用，合计达到60.36亿元，基础层企业平均研发费用为628.75万元。中关村创新层企业平均研发强度为4.60%，远高于全国创新层企业3.36%的平均研发强度，但低于基础层企业6.79%的平均研发强度，是由于披露研发费的创新层企业平均营业收入为44503.97万元（合计为809.97亿元）远高于基础层平均营收9261.17万元（合计为889.07亿元）。结合创新层企业研发费用绝对数普遍高于基础层企业整体水平的特点，表明创新层企业营业收入稳定，已形成了研发投入与营业收入相促进的良性循环（见图3、图4）。

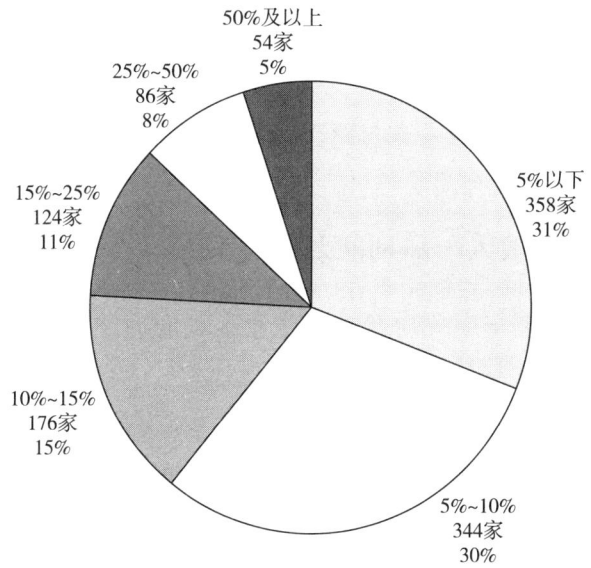

图3　2017年中关村新三板企业研发强度分布情况

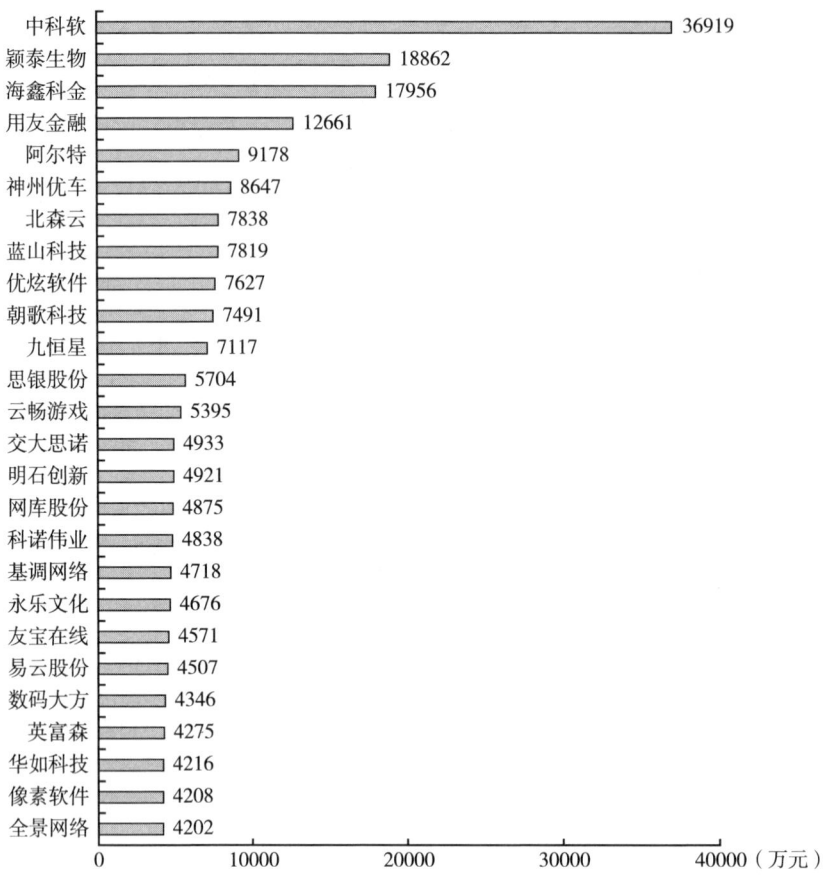

图4 2017年中关村新三板企业研发费用排名前30

(二)研发投入与赢利能力的关系

探究研发强度与中关村新三板企业赢利能力之间的关系,发现排除研发投入过高(超过50%)的非正常状态,毛利率随着研发强度的增强而有所提升,这表明在合理研发强度下,企业毛利率与研发强度呈显著的正向相关关系。从毛利率四年的变化情况来看,研发强度处于50%以下的组别历年毛利率变化程度较小,而研发强度处于50%以上的组别历年毛利率出现了大幅波动,这与企业因研发强度分配不当产生的较高的经营风险之间存在一定关系。毛利率波动较小的五个组别中，研发强度处于5%以下的企业历年毛利率均相对较低，研发强度在25%~50%的组别对应的毛利率整体高于其他组别。以上变化关系表明，合理的研发投入有助于促进企业赢利水平的提升，而过高的研发强度则带来较大的经营风险。企业应当合理地识别研发投入强度，结合企业规模与能力，最大化研发所带来的价值贡献（见图5）。

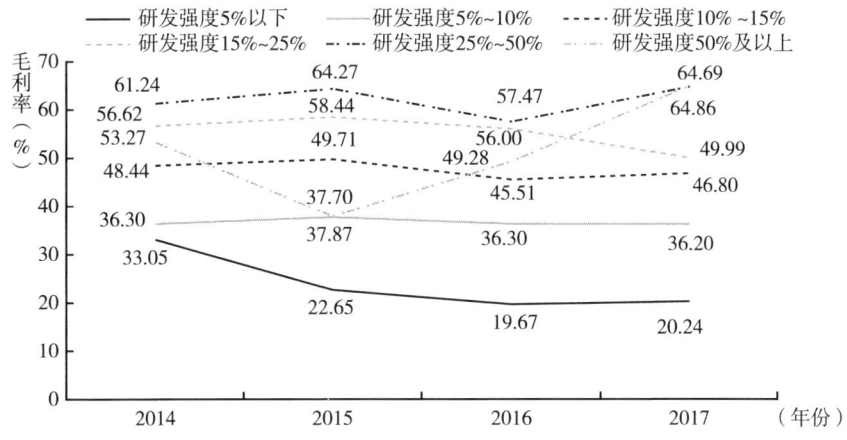

图5　2014~2017年中关村新三板企业研发强度与毛利率关系

二　创新产出状况

（一）专利申请及排名状况①

专利申请量指被专利机构所受理的专利的数量，是发明专利②申

---

① 企业专利申请状况指企业在当年度的专利申请量，为企业发明专利当年申请量、实用新型专利当年申请量、外观设计专利当年申请量之和。
② 发明专利是指满足新颖性、创造性和实用性的专利技术或方法，包括产品专利和方法专利两大类，在发明专利、实用新型专利以及外观设计专利三种专利类型中的技术含量和价值最高，保护期是20年。

请量、实用新型专利①申请量和外观设计专利②申请量之和。其中，发明专利在三类专利当中审查周期和保护年限最长。企业专利申请数量越多，反映该企业的创新能力越高，技术发展活动越活跃。

2017年，共423家中关村新三板企业进行了专利申请，专利申请量合计达到3402件，同比下降13.04%，平均每家企业拥有8.04件专利申请量，有98家企业专利申请量高于平均值。从申请的专利类别来看，共297家企业申请了1304件发明专利（占专利申请总量的38.33%，同比下降14.60%），平均每家企业申请了4.39件发明专利，申请发明专利的企业多集中在高端制造业，信息传输、软件和信息技术服务业以及科学研究和技术服务业等对企业创新能力要求较高的新经济行业；实用新型专利和外观设计专利的申请量分别为1623件（占比47.71%，同比增长1.56%）、475件（占比13.96%，同比降低39.64%）。该组数据表明，2017年中关村新三板企业谋求专利保护的积极性由2015~2016年的大幅度提升有所减缓（见图6）。

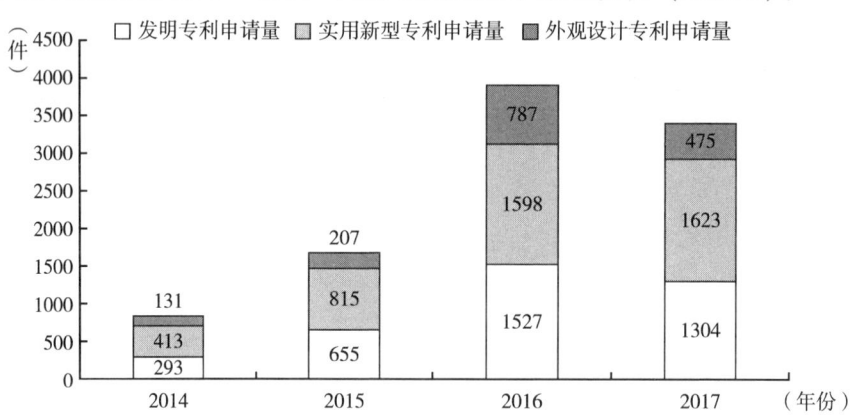

图6　2014~2017年中关村新三板企业专利申请量情况

资料来源：中关村知识产权促进局。

---

① 实用新型专利是指对产品的形状、构造或者其结合所提出的适用于实用的新的技术方案，保护期是10年。
② 外观设计专利是指对产品的形状、图案、色彩或者其结合所做出的富有美感并适于工业上应用的新设计，保护期是10年。

2017年，中关村新三板企业专利申请量排名前十的企业共申请了1104件专利，占当年总申请数的32.45%。这十家企业分别为长城华冠、小狗电器、臻迪科技、阿尔特、明朝万达、机科股份、利仁科技、友宝在线、八亿时空和中际联合。其中长城华冠、小狗电器与臻迪科技三家企业专利申请量超过200件，远高于第四名阿尔特76件的专利申请量。臻迪科技、明朝万达、机科股份和友宝在线为新入榜企业（见图7）。

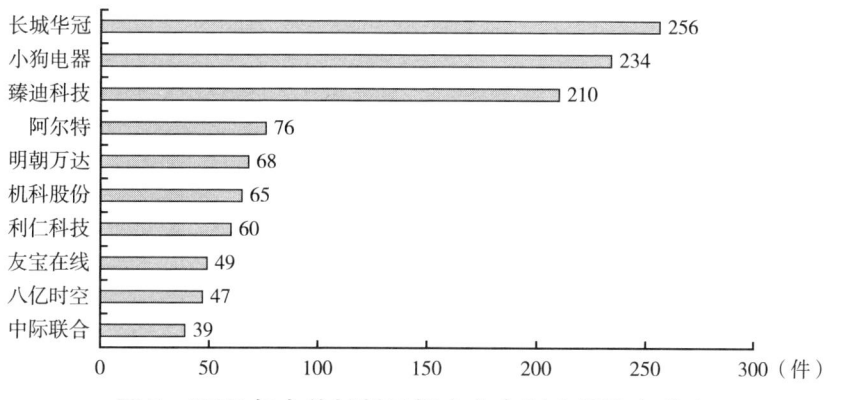

图7　2017年中关村新三板企业专利申请排名前十

资料来源：中关村知识产权促进局。

（二）专利授权及排名状况[①]

企业专利授权数量是测量企业在技术研发、技术创新方面的能力、水平和质量的重要指标。2017年，共399家中关村新三板企业获得了专利授权，专利授权量合计达到2129件，同比增长15.02%。平均每家企业拥有5.34件专利授权，95家企业专利授权量高于平均值。从授权的专利类别来看，共184家企业获得了456件发明专利授

[①] 企业专利授权量指由专利行政部门授予专利权的件数，是发明、实用新型、外观设计三种专利当年授权数之和。

权（占专利授权总量的21.42%，同比增长20.63%），平均每家企业获得2.48件发明专利；实用新型专利和外观设计专利的授权量分别为1186件（占比55.71%，同比增长3.49%）、487件（占比22.87%，同比增长48.93%）。2016年发明专利、实用新型专利和外观设计专利的同比增长率分别为98.95%、66.57%和47.30%，该组数据表明，2017年中关村新三板企业专利授权数量增速减缓，中关村新三板企业的技术研发水平和创新能力已达一定程度，并持续发展（见图8）。

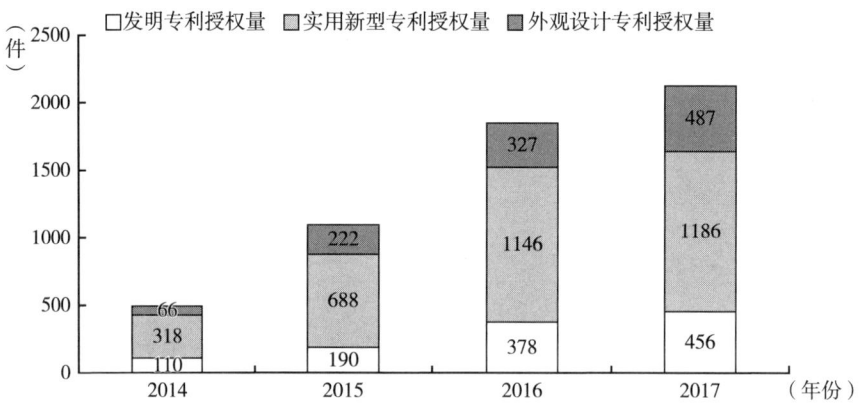

图8 2014~2017年中关村新三板企业专利授权量情况

资料来源：中关村知识产权促进局。

2017年，中关村新三板企业专利授权量排名前十的企业共拥有535件专利，占当年总申请数的15.73%。这十家企业分别为小狗电器、长城华冠、臻迪科技、阿尔特、利仁科技、韦加股份、友宝在线、千叶珠宝、优卡科技和派尔特。其中长城冠华、阿尔特和利仁科技两年连续排名前十。值得提出的是，长城华冠和小狗电器两家企业的专利授权量接近100件，分别为97件、95件，排名第一、第二，同时这两家企业也是专利申请量前二的中关村新三板企业（见图9）。

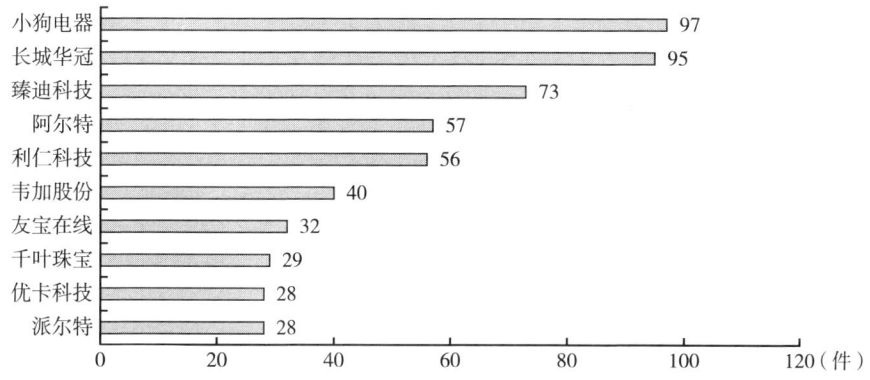

图 9　2017 年中关村新三板企业专利授权量排名前十

资料来源：中关村知识产权促进局。

（三）有效发明专利①数量及排名状况

截至 2017 年 12 月 31 日，共 383 家中关村新三板企业拥有有效发明专利，有效发明专利总量合计达到 2519 件，同比增长 17.77%。拥有有效发明专利的企业多集中在制造业（183 家）和信息传输、软件和信息技术服务业（112 家）两大行业。2017 年中关村新三板企业持有的有效发明专利数量稳步增长，创新能力不断提升（见图 10）。

2017 年，中关村新三板企业有效发明专利拥有量排名前十的企业共有 675 件专利，占当年度有效发明专利拥有总量的 26.80%。排名前十的企业分别为康比特、数码大方、思比科、八亿时空、像素软件、中海阳、颖泰生物、三元基因、交大思诺、昆腾微、时代凌宇和绿伞化学；昆腾微、时代凌宇和绿伞化学皆拥有 37 件有效发明专利，

---

① 有效发明专利是处于有效期内的发明专利，在此包含当年度取得授权、尚未过专利法保护存续期并依规定缴纳年费，以及新挂牌企业本身存有的发明专利。

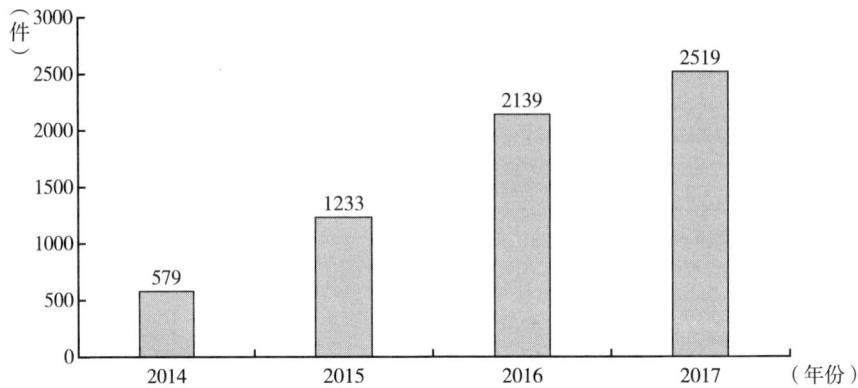

图10　2014~2017年中关村新三板企业有效发明专利拥有量情况

资料来源：中关村知识产权促进局。

并列第十。其中，交大思诺、昆腾微与时代凌宇为新入榜企业，其余企业均连续两年有效发明专利拥有量排名前十。前十名中，有7家为制造业企业，5家为信息传输、软件和信息技术服务业企业，表明中关村新三板企业在高端制造业利于拥有较多的专利储备（见图11）。

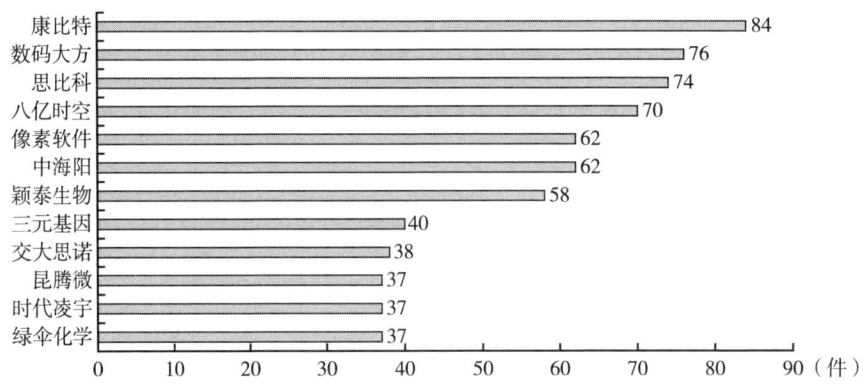

图11　2017年中关村新三板企业有效发明拥有量排名前十

资料来源：中关村知识产权促进局。

（四）企业 PCT 专利申请

PCT 即专利合作条约[①]（Patent Cooperation Treaty 的缩写），是知识产权领域的一项国际合作条约，目的是为了使知识产权拥有人可以更经济地取得知识产权的保护。企业申请 PCT 专利，代表其对知识产权拥有国际化的布局。

2017 年，有 2 家中关村新三板企业进行了 PCT 专利申请，申请量为 2 件，相比于 2015 年、2016 年的 13 件、12 件申请量，有一定的降低。2 家申请企业分别为，从事新药研发的蓝贝望以及专注于磁控溅射镀膜技术的中奥汇成。数据显示，少部分中关村新三板企业在立足本土发展的基础上，已进行了国际化战略布局，创新能力受到国际市场认可（见图 12、表 1）。

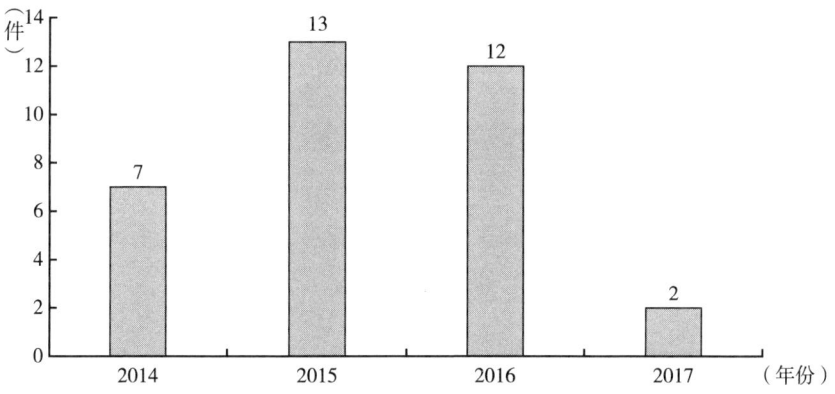

图 12　2014~2017 年中关村新三板企业 PCT 专利申请量情况

资料来源：中关村知识产权促进局。

[①] 专利合作条约对专利申请的受理和审查标准做了国际性统一规定，在成员国的范围内，申请人只要使用一种规定的语言在一个国家提交一件国际申请，在申请中指定要取得专利保护的国家，就产生了分别向各国提交了国家专利申请的效力，条约规定的申请程序简化了申请人就同样内容的发明向多国申请专利的手续，也减少了各国专利局的重复劳动。

表1　2017年中关村新三板企业PCT专利申请情况

证券代码	证券简称	PCT专利申请数(件)	所属行业(证监会分类标准)
430242.OC	蓝贝望	1	科学研究和技术服务业
833351.OC	中奥汇成	1	科学研究和技术服务业

参考文献

尹卫东、董小英、胡燕妮、郭伟琼：《中关村模式：科技+资本双引擎驱动》，北京大学出版社，2017。

余学斌、李媛渊：《创业板公司创新投入与赢利能力相关性分析》，《财会通讯》2015年第33期。

陈宏明、胥思：《中小板上市公司研发投入对赢利能力的影响研究》，《商业会计》2013年第6期。

B.10
2017年中关村新三板企业融资状况研究报告

中关村上市公司协会研究部*

摘　要： 本篇报告从定向增发、发债、股权质押、现金状况和应收账款状况五个方面对2017年中关村新三板企业融资状况进行了研究。研究结果显示，目前定向增发仍是中关村新三板企业最为重要的融资渠道，其中，中关村新三板创新层企业的融资能力显著优于基础层；债券融资方面，2017年发债数量和融资金额大幅上涨，债券融资已逐渐成为中关村新三板企业获得资金的可行渠道；股权质押方面，尽管中关村新三板企业股权质押笔数和质押股数的绝对数量在增加，但2017年中关村新三板企业股权质押融资金额却有所下滑，新三板股权质押融资渠道呈现收窄态势；现金和应收账款方面，2017年中关村新三板企业现金流入难度增加，资金链紧张度增加，应收账款增长趋势较往年有所放缓，但在当期营业收入中所占比重相对偏高，说明企业的运营风险可能加大。

关键词： 中关村新三板　定向增发　债券融资　股权质押

---

* 本文由中关村上市公司协会研究部完成，主要执笔人：陈红，中关村上市公司协会研究部主任，负责中关村区域经济研究工作；葛琰，中关村上市公司协会助理研究员，主要从事中关村区域经济研究工作。

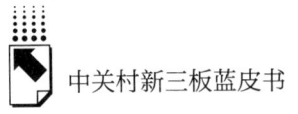

一 2017年中关村新三板企业定向增发①情况

目前定向增发是中关村新三板企业最为重要的融资渠道。2017年,中关村共有342家新三板企业定向增发377次,增发数量为26.74亿股,增发实际募资总额达227.23亿元。和2016年相比,2017年中关村新三板企业参与定增融资的企业数量减少15.35%,定增次数下降18.22%,增发股数减少56.70%,增发实际募资下降20.14%。随着新三板整体市场的持续低迷,2017年中关村新三板企业定向增发融资活跃度持续下降,企业总体融资难度继续加大(见表1)。

表1 2014~2017年度中关村新三板企业定增融资状况

年份	增发企业家数	增发次数	增发数量(亿股)	实际募资总额(亿元)
2014	68	76	9.22	78.32
2015	283	376	55.84	309.62
2016	404	461	61.75	284.54
2017	342	377	26.74	227.23

资料来源:Wind,中关村上市公司协会整理。

从分层来看,2017年中关村新三板创新层企业中有41.81%的企业获得定增融资,平均每家实施定增的创新层企业获得融资额达1.45亿元;基础层仅有17.68%的企业获得定增融资,平均每家实施定增的基础层企业获得融资额达0.35亿元。中关村新三板创新层企业的融资能力显著优于基础层(见表2)。

根据定向增发融资额规模统计,定向增发融资额10亿元以上企业1家,1亿~10亿元的企业有41家,5000万~1亿元的企业55

---

① 本报告中的定向增发相关数据统一以定增股份上市日期为统计口径。

家，1000万~5000万元的企业达到182家，融资额在1000万元以下的企业63家。

表2 2017年中关村新三板企业融资情况分层对比

分层	挂牌企业数量（家）	定增融资额（亿元）	定增企业数量（家）	有定增的企业数量占比（%）	平均每家有定增的企业获得定增融资额（亿元）
创新层	232	140.94	97	41.81	1.45
基础层	1386	86.29	245	17.68	0.35

资料来源：Wind，中关村上市公司协会整理。

根据增发目的统计，179次定增用于补充流动资金，159次定增目的为项目融资，18次定增目的为股权激励，13次定增目的为融资收购其他资产，6次定增目的为引入战略投资者，因配套融资和实际控制人注入资产实施定增各1次。其中，用于补充流动资金的定增共融资68.09亿元，占总融资额的29.97%；项目融资获得融资额为149.75亿元，占总体的65.90%；用于融资收购其他资产的定增共获得3.58亿元，占总体1.58%。可见，用于项目融资的定增金额普遍较大。

二 2017年中关村新三板企业发债情况

得益于修订后的《公司债券发行与交易管理办法》的推广实施，中关村新三板突破了2015年之前无企业发行债券的状况，自2015年和2016年分别有一家企业发债获得融资后，2017年发债数量和融资金额大幅上涨，债券融资已逐渐成为中关村新三板企业获得资金的可行渠道。

2017年，中关村新三板企业广厦网络、中投保、中国康富、颖泰生物和丰电科技5家企业发行了9只公司债，蓝天环保1家企业发行了1只可转债，共融资92.75亿元，发行目的为补充公司营运资金及偿还债务。其中，"17广厦债"债券总额为2500万元，期限2年，票面利率7.1%,为中关村首只"双创债"。全国共15家新三板企业发行了19只公司债和2只可转债,融资金额共计128.28亿元,中关村新三板债券融资占比为72.30%。全国发债的新三板企业以建筑业和金融、租赁业居多,且数额均相对较大,与中关村发债特征相同(见图1、表3)。

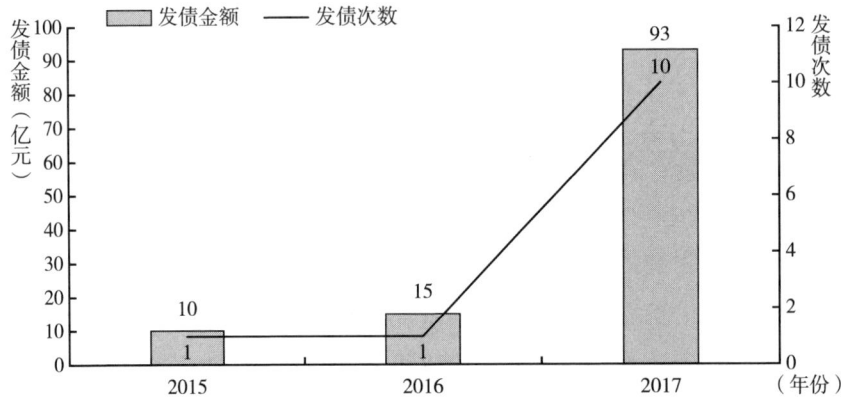

图1 2015~2017年中关村新三板企业发债情况

资料来源:Wind,中关村上市公司协会整理。

表3 2017年中关村新三板企业债券融资情况

债券简称	发债主体	发行起始日	发行规模(亿元)	发行期限(年)	票面利率(%)	上市地点	发行人企业性质	发债主体所属行业	发行方式
17丰电债	丰电科技	2017-12-27	0.30	3	6.42	上海	民营企业	工业	私募
17颖泰01	颖泰生物	2017-11-07	12.00	5	6.80	上海	民营企业	材料	公募
17中保Y2	中投保	2017-10-25	5.00	5	5.49	上海	中央国有企业	金融	公募
17中保Y1	中投保	2017-10-25	20.00	3	5.30	上海	中央国有企业	金融	公募
17康富03	中国康富	2017-10-19	20.00	5	6.14	上海	中央国有企业	金融	私募
17康富02	中国康富	2017-08-17	20.00	5	5.75	上海	中央国有企业	金融	私募
17康富01	中国康富	2017-07-21	10.00	5	5.98	上海	中央国有企业	金融	私募
17中保债	中投保	2017-03-15	5.00	5	4.49	上海	中央国有企业	金融	公募

续表

债券简称	发债主体	发行起始日	发行规模（亿元）	发行期限（年）	票面利率（%）	上市地点	发行人企业性质	发债主体所属行业	发行方式
17广厦债	广厦网络	2017-01-23	0.25	2	7.10	上海	民营企业	信息技术	私募
蓝天转S1	蓝天环保	2017-10-16	0.20	3.00	2.00	深圳	民营企业	工业	私募

资料来源：Wind，中关村上市公司协会整理。

三 2017年中关村新三板企业股权质押情况[①]

与全国新三板市场的情况类似，自新三板市场扩容以来，定增是中关村新三板企业最为主要的融资方式，但随着新三板整体市场的持续低迷，定增市场规模开始萎缩，新三板企业也开始在寻找新的融资渠道。由于不少中关村新三板企业属于轻资产类企业或新经济公司，在申请银行贷款时并没有很好的抵押物，股票变成了这些企业股东为数不多的能够利用的资源。纵观四年变化趋势，中关村新三板企业股权质押交易事件数量和质押股票数量都在迅速增长，这一融资渠道被越来越多的中关村新三板企业所采用。

以质押起始日为统计口径，2017年，中关村共有209家新三板挂牌企业进行了475笔股票质押交易，质押股票数量达到69.77亿股，股权质押笔数和质押股数增幅分别为5.79%、2.95%。其中有320笔（占总交易笔数的67%）股票质押交易披露了质押融资金额，披露的质押融资金额总计达150.50亿元，同比下降24.44%。其中，

---

① 股票质押资料来源于东方财富Choice数据库。

有117笔（占总交易笔数的25%）显示"已到平仓线"，面临平仓危机（见图2）。

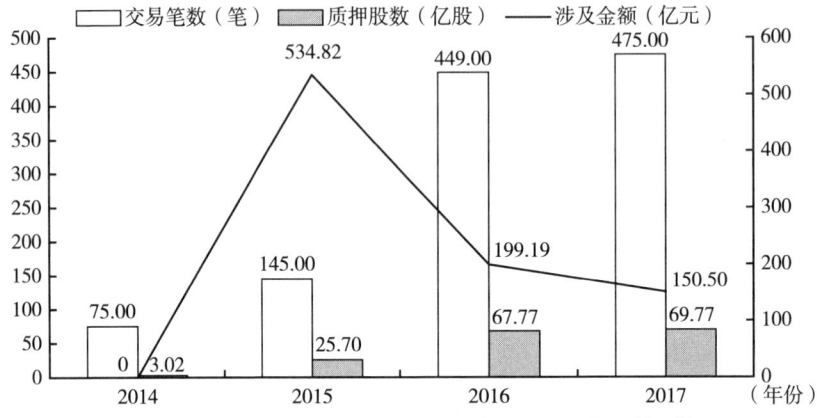

图2　2014~2017年中关村新三板企业股权质押状况

资料来源：Wind，中关村上市公司协会整理。

可发现，尽管中关村新三板企业股权质押笔数和质押股数的绝对数量在增加，但2017年中关村新三板企业股权质押融资金额却有所下滑，新三板股权质押融资渠道呈现收窄态势。约1/4的股权质押交易面临平仓危机，高比例质押的风险隐现。

四　2017年中关村新三板企业现金状况[①]

2017年，中关村新三板企业期末现金及其等价物余额为678.58亿元，增长率仅为2.63%，远低于2014~2016年的增幅[②]。2017年，

---

① 因神州优车（838006.OC）现金相关数据与其他中关村新三板企业数据相差较大，对结果产生过度影响，故在本章中剔除其相关数值。神州优车2017年相关财务数据如下：经营活动产生的现金流量净额为-54.66亿元（主要原因是神州买买车、车闪贷业务采取分期模式使公司应收类款项增加）、投资活动产生的现金流量净额为-27.07亿元（主要原因：公司于2017年投资活动较多）、融资活动产生的现金流量净额为66.18亿元、现金及等价物净增加额为-15.63亿元、期末现金及其等价物余额为13.50亿元。

② 中关村新三板企业期末现金及现金等价物期末余额：2015年较上年增长450.72%，2016年较上年增长51.91%，2017年较上年增长2.63%。

中关村新三板企业现金及等价物净增加额①为 -5.56亿元，首次出现负值。1445家中关村新三板企业，762家企业（占比52.73%）现金及等价物净增加额为负，表明超过一半的中关村新三板企业在2017年度因经营、投资、筹资等活动获得的现金流入低于现金流出。纵观四年变化情况，中关村新三板现金及等价物净增加额在2015年达到峰值，后迅速下降，2017年首次出现负值。该变化趋势表明，2017年中关村新三板企业现金流入难度增加，资金链紧张度增加（见图3、图4）。

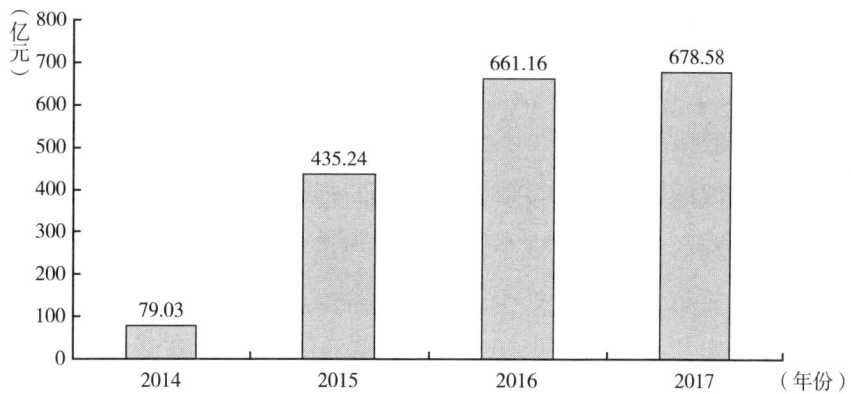

图3　2014~2017年中关村新三板期末现金及现金等价物变化情况

资料来源：Wind，中关村上市公司协会整理。

2017年，中关村新三板企业经营活动产生的现金流量净额为19亿元，同比上涨18.75%，但仍然处于较低水平；投资活动产生的现金流量净额为-402亿元，同比下降5.24%，表明2017年中关村新三板企业的投资回收的资金小于投资的现金流出；融资活动产生的现金流量净额为382亿元，同比下降17.67%。综合经营、投资、融资三类活动的现金流量净额四年的变化趋势，经营性活动产生的现金流

---

① "现金及现金等价物的净增加额"指将现金流量表中"经营活动产生的现金流量净额"、"投资活动产生的现金流量净额"、"筹资活动产生的现金流量净额"和"汇率变动对现金的影响"四个项目相加得出。

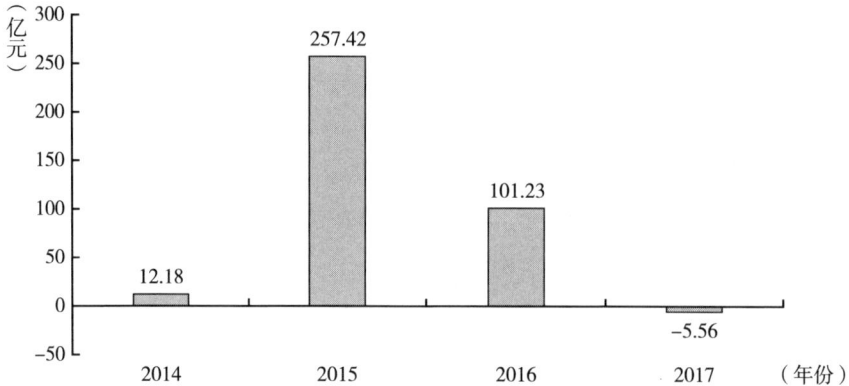

图 4　2014～2017年中关村新三板现金及现金等价物净增加额变化情况

资料来源：Wind，中关村上市公司协会整理。

量净额为正但增速不大，投资活动产生的现金流量净额为负且负值越来越大，融资活动产生的现金流量净额为正且呈现波动趋势，可初步判断，中关村新三板企业处于高速发展阶段，企业的产品正处于占领市场阶段，为了扩大市场份额，企业需要大量追加投资，而仅靠经营活动现金流量金额可能无法满足所需投资，必须筹集必要的外部资金作为补充（见图5）。

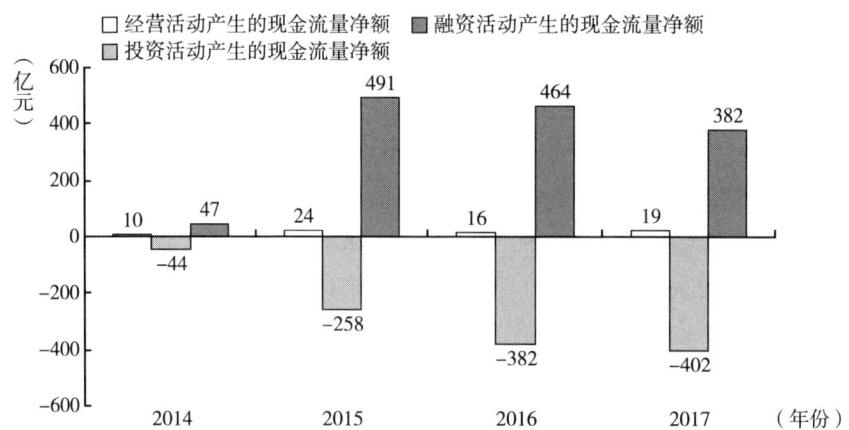

图 5　2014～2017年中关村新三板企业现金流量净额变动情况

资料来源：Wind，中关村上市公司协会整理。

五 2017年中关村新三板企业应收账款状况

2017年，中关村新三板企业应收账款达到653亿元，较上年增长4.82%，增长趋势较2015年和2016年有所放缓，但总量仍值得关注。对应收账款在当期营业收入中所占比重进行研究，可以发现近三年该比重趋于稳定，保持在26%～28%，说明中关村新三板企业每销售10元的商品，就有2.6～2.8元的挂账拿不到现金。这一比例相对偏高，企业的运营风险可能加大。同时，结合2017年融资活动产生的现金流量净额下降的趋势，中关村新三板企业未来应加强对应收账款规模及收回风险的控制，防止因无法及时收回账款而导致的现金周转压力增大，现金流量无法满足日常运营需求的情况出现（见图6）。

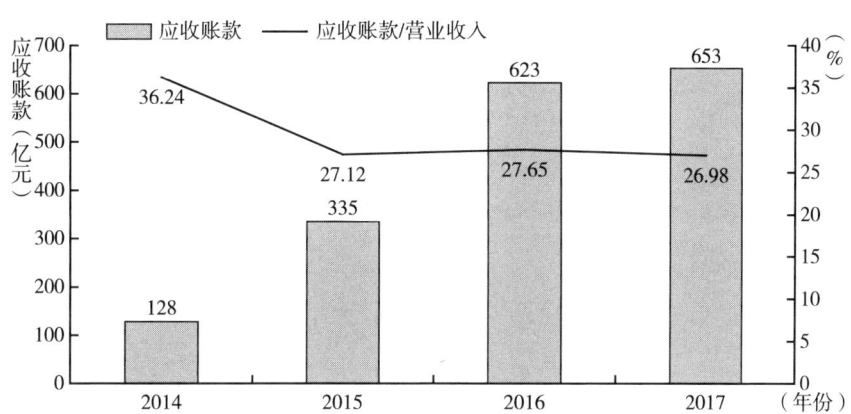

图6 2014～2017年中关村新三板企业应收账款变化情况

资料来源：Wind，中关村上市公司协会整理。

参考文献

方先明、吴越洋：《中小企业在新三板市场融资效率研究》,《经济管理》2015 年第 10 期。

证监会：《公司债券发行与交易管理办法》。

B.11
新三板企业资本规划及融资策略分析

袁 季*

摘 要： 2018年是资本市场的冬天。流动性下降，资金供给减少。新三板企业的各个资本规划选项也未见"主流"。高处掠平地，低处练内功。在趋冷的市场环境下，企业更需拉长周期，做好长期的业务规划及资本路径规划：或储"粮"过冬，积极筹划融资落地，在资金供给不足的情况下占得先机，为未来几年的发展筹取资金；或自我修炼，通过合法合规地运作实现业绩的稳步增长，做好长期资本规划迎接挑战。本报告首先分析了新三板企业进行长期资本规划的意义和重要性，然后梳理了2018年新三板挂牌企业可行的资本路径，最后分析和总结出新三板企业的融资策略，从而为新三板企业如何度过资本市场的寒冬提出了有效的建议和启发。

关键词： 新三板企业 长期资本规划 融资策略

---

* 袁季，广证恒生总经理、首席研究官。从事证券研究逾十五年，曾获"世界金融实验室年度大奖—最具声望的100位证券分析师"称号、2015～2017年度广州市高层次金融人才、中国证券业协会课题研究奖项一等奖和广州市金融业重要研究成果奖，携研究团队获得2013年中国证券报"金牛分析师"六项大奖。2014年组建业内首个及至今规模最大新三板研究团队，创建知名研究品牌"新三板研究极客"。2016中国金融风云榜"中国金融管理年度创新人物"。

一 以长期资本规划应对变化

(一)资本市场千变万化,长期规划是应对法宝

2015年以来,新三板企业每年都走在资本路径的十字路口。2015年初,新三板二级市场交易火爆。三板做市指数最高涨幅达151%,全年融资金额同比增长820%。在资金的买方市场上,企业关心的是如何选择投资者,如何提高估值。2016年,受政策推进不达预期影响,市场处于调整期。三板做市指数全年下跌22.66%,定增市场开始收缩。在1~10月IPO发行速度仍低的时候,企业转而关心是否应并购或被并购。进入2017年,IPO审核提速但新三板政策推进依旧缓慢,三板做市跌破千点。是否继续挂牌?是否转向A股又成为新三板企业的关注点(见图1)。资本市场千变万化,唯有进行长期的资本规划,方能使企业从容应对。

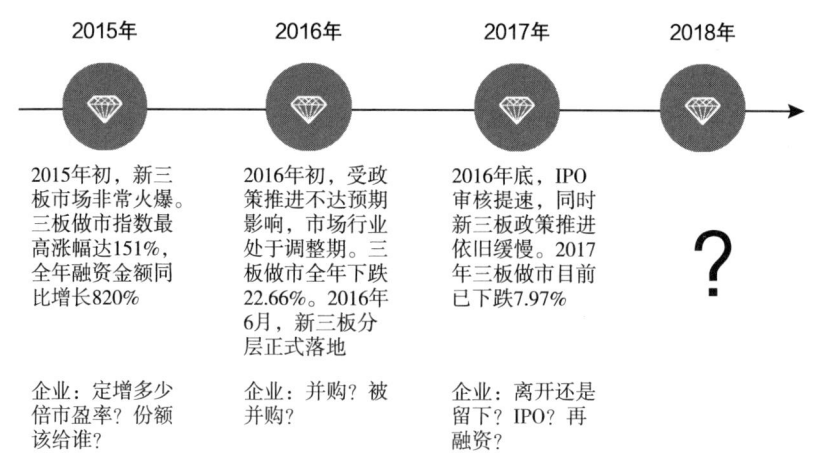

图1 各年度新三板市场发展特征

资料来源:Wind,广证恒生。

（二）资本规划的重要性：先谋后动，顺势而为

有谋划者占先机。2015年新三板市场火爆时，部分新三板企业积极规划A股上市，2017年便乘IPO提速之风正式登陆主板，享受较高的跨市场溢价。前五家登陆A股的新三板企业中全部都于2015年向证监会正式提交IPO申请，5家新三板企业提交申请时间与正式IPO上市时间差距平均约为660天。5家新三板企业正式IPO上市交易后，平均市值约为27亿元（见表1）。在2016～2017年披露上市辅导计划的新三板企业，目前仍在排队进程当中。一方面面对着趋缓趋严的IPO格局；另一方面，其跨市场溢价也被常态化发行以及二级市场估值轮番拉低。

表1 前五家登陆A股的新三板企业

转板前			转板后			排队日期	最新市值（亿元，21080817）
代码	简称	预知披露时间	代码	简称	上市上期		
831215.OCA	新天药业（退市）	2015/6/26	002873.SZ	新天药业	2017/5/19	693	22.02
430568.OCH	光莆电子（送市）	2015/7/3	300632.SZ	光前展份	2017/4/69	643	18.46
831645.OCA	三星新材（送市）	2015/4/3	603578.SH	三爱新材	2017/3/69	703	18.58
831535.OCA	拓新达（送市）	2015/7/3	300607.SZ	拓新达	2017/2/99	587	52.58
831223.OCA	江苏中滨（退市）	2015/2/13	300575.SZ	中接感金	2016/12/20	676	23.28

资料来源：Wind，广证恒生。

顺势而为，事半功倍。2015年，2016年，2017年1~7月，2018年1~7月定增募集资金前10名合计募资分别为359.59亿元、294.05亿元、124.14亿元以及59.98亿元。对应第十名募集资金分别为17.06亿元、12.80亿元、5.30亿元以及2.8亿元（见表2）。不管是募集资金总额，还是单笔募集资金规模，连续四年均呈下降趋势。

表2 历年新三板企业定增募资前10名

2015年			2016年			2017年1~7月			2018年1~7月		
排名	名称	实际募资总额（亿元）	排名	名称	实际募资总额（亿元）	排名	名称	实际募资总额（亿元）	排名	名称	实际募资总额（亿元）
1	九鼎集团	100.00	1	华龙证券	96.22	1	神州优车	46.00	1	开源证券	17.58
2	中科招商	50.32	2	首航直升	32.00	2	神州优车	24.00	2	华素股份	9.20
3	中科招商	35.10	3	易建科技	30.00	3	开源证券	14.70	3	长城华冠	8.90
4	南京证券	34.44	4	亚锦科技	27.63	4	奥其斯	6.00	4	剑门旅游	4.80
5	硅谷天堂	30.71	5	亚锦科技	26.40	5	川山甲	6.00	5	圣泉集团	4.50
6	联讯证券	27.91	6	皖江金租	19.52	6	赛科星	5.94	6	联赢激光	3.30
7	天图投资	26.83	7	英雄互娱	19.00	7	青浦资产	5.53	7	昊方机电	3.00
8	中国康富	18.75	8	永安期货	17.51	8	盘石股份	5.34	8	纽米科技	3.00
9	中科招商	18.47	9	体育之窗	12.97	9	兰卫检验	5.33	9	君实生物	2.90
10	海航冷链	17.06	10	华新能源	12.8	10	友宝在线	5.30	10	颂大教育	2.80
	合计	359.59		合计	294.05		合计	124.14		合计	59.98

资料来源：Wind，广证恒生。

二 2018年新三板企业的资本规划路径

2018年，新三板企业面临的资本市场环境发生了明显变化。从外部看，A股IPO、海外上市、并购/被并购、留在新三板等多条路径形成并行的局面。除上半年港股上市相对受关注外，没有一条明显占优的路径。从内部看，新三板转入存量市场，结构化竞争加剧。在这样的背景下，企业根据自身特性及经营规划匹配资本市场尤为重要，完整可行的资本规划价值凸显。我们将对各资本路径的最新变化进行分析，并为对应的企业匹配合适的执行策略。

（一）A股IPO：堰塞湖疏通，净利润高的优质挂牌企业当抓紧时间窗

A股仍然是大部分企业资本规划路径的首选，但它并不适合所有的企业。2018年上半年IPO审核趋缓趋严，过会率下降，单月过会企业的最小净利润提高至亿元级别。与之对比，富士康、药明康德、宁德时代等"独角兽"的闪电过会，呈现较强的马太效应。李克强总理在十三届全国人大一次会议闭幕后表态"欢迎'互联网＋'企业回归A股"及"为境内的创新创业企业上市创造更加有利的、符合法律规定的条件"表明监管层及资本市场对优质创新企业持更为积极的态度。总体而言，IPO监管趋严但无碍优质创新企业过会。

1. 审核趋缓趋严，IPO堰塞湖疏通为优质企业"留出"通道

2018年以来IPO审核速度明显放缓。A股在2017年IPO上会企业达498家，378家企业已过会，上会企业数量平均值为41家。2017年10月以来，月度上会企业数量已逐步呈现下降，2018年IPO审核速度放缓的趋势更为明显，上半年共118家企业上会，远低于2017年同期275家，其中2018年第二季度，IPO上会企业数量不断走低，4月、5月及6月上会企业数量分别为19家、16家和9家（见图2）。

IPO审核趋严，2018年上半年过会率为49.15%，维持在低位水平。IPO提速以后，过会率便开始呈现显著的下降趋势。2018年前两个季度过会率分别为43.24%和59.09%，显著低于2017年同期水平。2018年1月，共50家企业上会却仅有18家过会，过会率下降至2017年以来的最低水平36%，比上年同期下降约45%（见图3）。

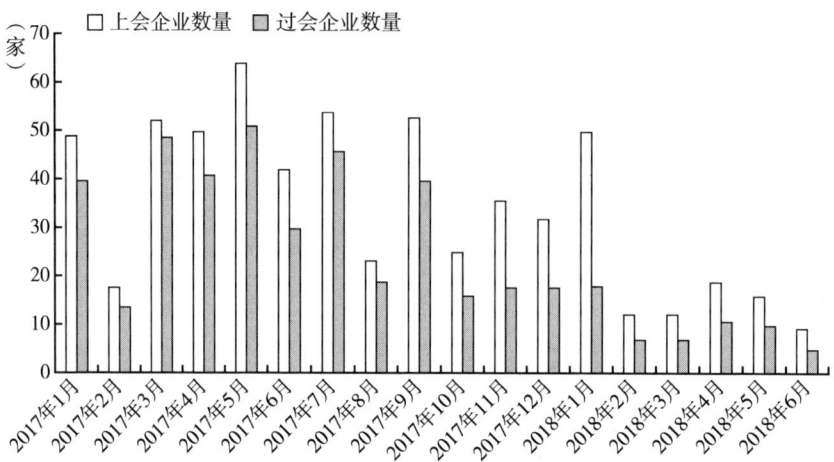

图 2　2017～2018 年上半年 IPO 上会情况

资料来源：Wind，广证恒生。

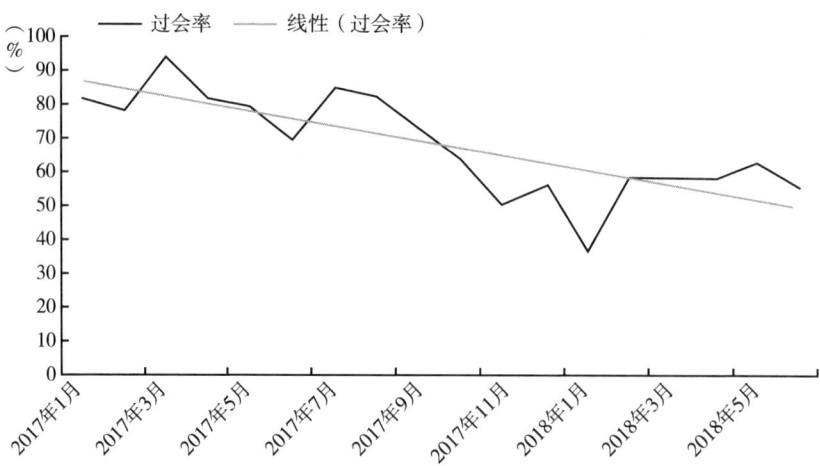

图 3　2017～2018 年上半年 IPO 过会率变化情况

资料来源：Wind，广证恒生。

对过会企业最低归母净利润的考察同样可以验证 IPO 审核趋严的判断。2017 年当月过会企业的最小净利润规模在 2600 万～4600 万元。2018年前两个季度，当季度过会企业归母净利润最小值分别为4781万元和8369万元（见图4）。"门槛"不断提高。

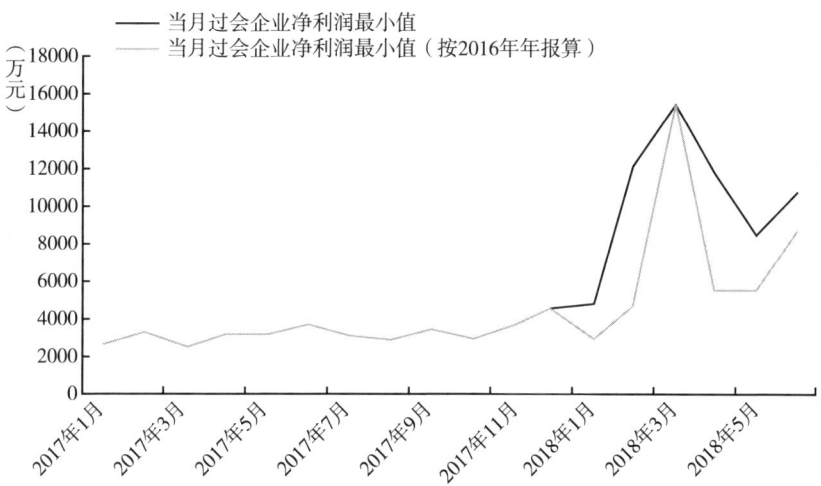

图4　2017~2018年上半年过会企业归母净利润变化情况

资料来源：Wind，广证恒生。

进入2018年以来，待审企业数量仍然保持着不断下滑的态势，截至2018年6月30日，待审企业数量降至261家，IPO"堰塞湖"在一定程度上得到疏通（见图5）。我们认为主要原因有两点：（1）随着IPO审核不断趋严，上市门槛逐渐提高，更多规模较小的企业放弃IPO，主动终止审查，根据Choice的统计数据，2018年上半年共有148家企业终止审查，而2017年同期仅为53家；（2）预披露速度放缓，2018年上半年共84家企业进行了预先披露，而2017年同期进行预先披露企业的数量达到223家。两端同时发力，共同疏解IPO"堰塞湖"的问题。

2018年以来，监管层不断加大资本市场对实施创新驱动发展战略的支持力度，明确表示要为境内的优质创新创业型企业创造更为有

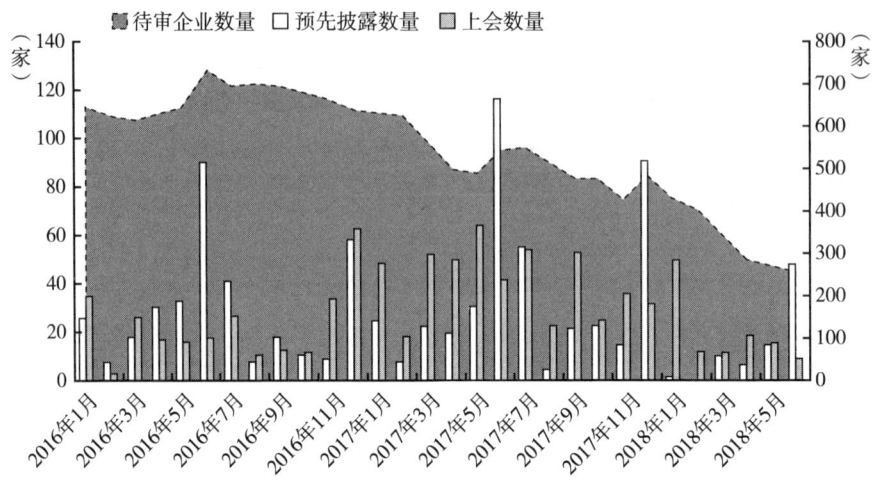

图5　2016~2018年上半年待审、预披露及上会企业数量变化情况

资料来源：Wind，广证恒生。

利、更符合法律规定的发行条件，市场对红筹"独角兽"以及境内优质创新企业登陆A股预期强烈。证监会、交易所以均对优质创新型企业的上市提供了便利。

2018年第一季度，富士康与药明康德的过会验证了市场对优质创新企业登陆A股的预期。3月8日富士康上会通过，从招股书申报稿上报之日算起，到过会仅仅用了36天，远低于2017年中国公司IPO平均审核周期1年3个月。药明康德从2017年7月14日递交了招股说明书，并于2018年3月29日正式过会，耗时258天，远低于平均审核周期。2018年4月4日，动力电池龙头宁德时代首发过会，从递交申报稿至通过发审会仅用时24天，再一次刷新了IPO审核时间纪录。从这些优秀创新型企业破纪录式的发行中，我们认为监管层对优质创新企业登陆A股的支持已得到验证，未来境内优质创新企业的发行条件将更为有利。

表3 2018年优质创新企业上市利好动态

日期	事件
2018年1月31日	证监会系统工作会议提出,加大对新技术、新产业、新业态、新模式的支持力度
2018年2月9日	深交所发布了《发展战略规划纲要(2018~2020年)》。纲要指出,要吸引标杆型创新企业上市。充分发挥市场培育、培训、研究、产品、信息服务等资源优势,完善覆盖企业上市前、上市中、上市后的全程服务体系,积极做好战略、服务对接工作,企业集团提供全链条服务解决方案。聚焦标杆重点,强化对"独角兽"等新兴行业企业服务,着力吸引一批优质企业进入
2018年3月20日	十三届全国人大一次会议闭幕后,国务院总理李克强回答记者问题时表示:"比如说过去一些'互联网+'的企业总是到海外上市,现在我们已经要求有关部门完善境内上市的制度措施,欢迎他们回归A股,同时要为境内的创新创业企业上市创造更加有利的、符合法律规定的条件。"
2018年3月30日	国务院办公厅转发证监会《关于开展创新企业境内发行股票或存托凭证试点的若干意见》。为进一步加大资本市场对实施创新驱动发展战略的支持力度,按照市场化、法治化原则,借鉴国际经验,开展创新企业境内发行股票或存托凭证试点。试点企业需符合国家战略、掌握核心技术、市场认可度高,属于互联网、大数据、云计算、人工智能、软件和集成电路、高端装备制造、生物医药等高新技术产业和战略性新兴产业,且达到相当规模。对于已在境外上市的大型红筹企业,市值不低于2000亿元人民币;对于尚未在境外上市的创新企业(包括红筹企业和境内注册企业),最近一年营业收入不低于30亿元人民币且估值不低于200亿元人民币,或者营业收入快速增长,拥有自主研发、国际领先技术,同行业竞争中处于相对优势地位

资料来源:中证网,广证恒生。

2. 过会率54.17%,"三类股东"审核要求明确,市场困扰仍存

2017年以来,新三板企业转板上会数量增加明显。在2017年上半年仅7家新三板企业上会,而2017年下半年转板上会新三板企业数量达到34家，转板企业数量增加了将近4倍。进入2018年以来，新三板企业转板上会热情开始退却，上半年上会新三板企业数量共24家，相较于2017年下半年环比下降29.41%。分季度来看，2018年第一季度15家企业上会，第二季度仅有9家新三板企业转板上会。

从过会率来看，新三板企业过会审核同样与IPO审核趋严的大趋势一致。2017年上半年，7家企业上会通过6家，过会率高达85.71%；此后过会率持续下降，2017年下半年过会率下降至58.82%；2018年上半年新三板企业过会率已经降至54.17%，环比下降4.65%。但2018年上半年IPO审核整体过会率为49%，新三板公司转板上会通过率略高于整体情况。

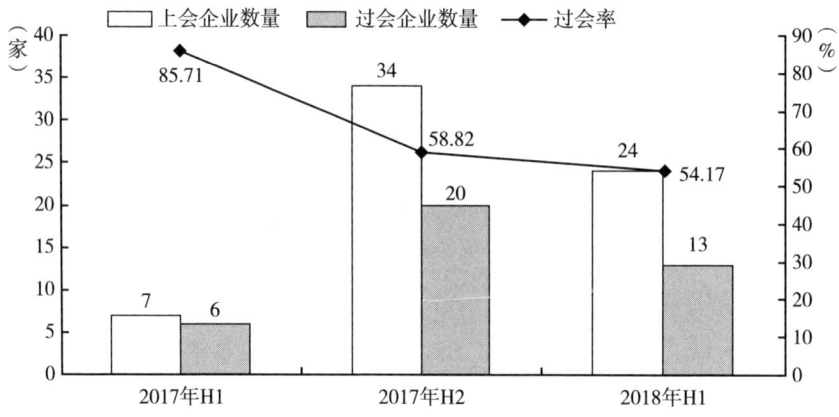

图6 2017~2018年上半年新三板企业上会及过会情况

资料来源：Wind，广证恒生。

在2018年1~6月，终止审查的企业数量分别为12家、17家、41家、17家、9家、12家；其中，曾经（或仍然）在新三板挂牌的企业分别有1家、8家、28家、5家、4家、5家。可见在IPO监管趋严的情况下，除了被否及暂缓表决的企业以外，还有51家待审新三板企业主动"撤退"。据这部分企业的公告披露，主动终止审查的理由包括"调整上市计划""公司经营战略调整""保荐机构的原因"等。

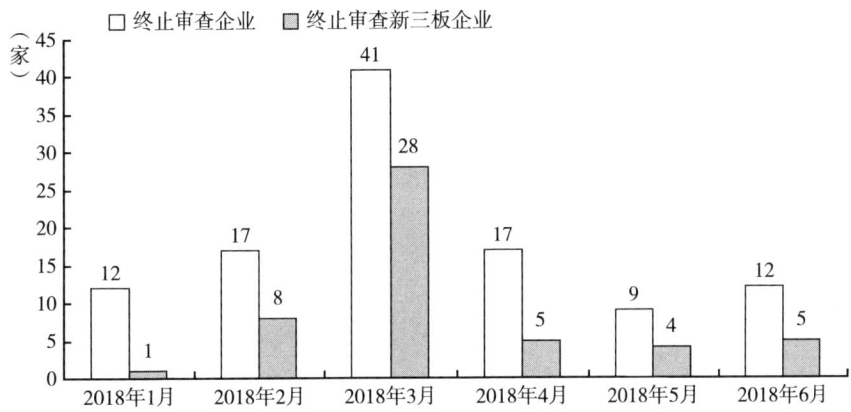

图7　2018年上半年终止审查企业情况

资料来源：Wind，广证恒生。

2018年1月12日，证监会首次明确对"三类股东"的核查标准。携有符合证监会要求的三类股东不会影响企业上市进程。自2018年3月14日以来，已有文灿股份、芯能科技、海容冷链三家企业带"三类股东"过会。

然而，"三类股东"仍然困扰新三板企业IPO，主要原因在于"三类股东"需做穿透式核查，或通过回购等方式进行清理。由于部分三类股东涉及多层次嵌套，穿透式核查需要花费大量的时间精力，回购股份又对公司的现金流产生较大压力，其IPO之路仍然有实质性困难。有IPO规划的企业需高度重视，提前准备。

3. 挂牌企业的IPO策略：建议净利润较高的优质挂牌企业当抓紧时间窗

2018年上半年的IPO审核有两大趋势。首先，IPO发行监管趋严，主要表现在审核前现场检查趋严并趋于常态化，预披露企业数量下降，主动终止IPO审核的企业数量增加；审核过程中的月度上会审核企业数量下降，审核速度放缓，上会企业过会率降低以及过会企业最小净利润规模不断上升。在预披露减少、主动终止增加且审核速度放缓三大合力的作用下，IPO待审企业数量下降。第二个趋势是创新创业型企业登陆A股预期强烈。国家不断出台政策鼓励并引导优质创新企业登陆A股，已有富士康、药明康德和宁德时代三家优秀企业快速过会。我们判断待审企业数量下降、审核效率提高且国家鼓励优质创新企业登陆A股的趋势将得到延续，因而中短期内的IPO环境有利于优质创新企业登陆A股。

考虑到审核速度放缓带来的跨市场溢价中短期回升以及注册制预期下跨市场溢价的长期缩减趋势，我们建议新三板内有意愿转板且具有持续赢利能力的优质企业做好资本规划，抓住排队企业数量下降的有利时间窗，借力A股市场谋求自身发展。

（二）港股上市：新政出台，未赢利的医药生物企业及规模较小的成长型企业可考虑赴港

2018年以来，随着A股IPO审核趋严以及港股市场新政推出，诸多有IPO计划的公司都将香港市场纳入考量。

1. 在2018上半年看赴港上市的四大优势

在当前时点，我们认为国内诸多有IPO计划的新三板企业或一级市场的成长型企业可以将香港市场纳入重要的考量，主要出于以下原因。

从审核原则看，港股市场监管机构只负责审查发行申请人披露的公开材料是否满足信息披露义务的要求，更专注企业披露的完整性，不对发行申请人是否具有投资价值进行实质性的判断。在这一制度下，发行人通过审核的确定性较大，审核时间的可预期性较高。截至2018年6月12日，2017年以来成功上市的213家企业首次公告日距

上市日期平均历时107.58天;50家中资股企业首次公告日至成功上市平均历时104.20天。

从上市条件上看,港股市场较A股宽松。香港上市的赢利测试为可选择的项目,非刚性要求,取而代之的则是对市值的刚性门槛,体现了成熟资本市场对企业未来价值的重视。香港主板上市需要通过可选择的测试,其中赢利测试为过去三年赢利达5000万港元,近一年2000万港元和前两年合计3000万港元,并且上市时市值达到2亿港元。对于未赢利或者赢利微弱的公司,可以选择市值和收入测试,避开赢利门槛,达到香港上市的要求。虽然香港的证券市场对上市企业的赢利要求较为宽松,但市值的要求却是主板和创业板上市的刚性要求。在主板的测试中,企业市值的最低要求在2亿至40亿港元,而创业板上市的最低市值要求在1亿港元之内(见表4)。

表4 港股上市标准

项目	主板(只需符合其中一个测试即可)			创业板
	赢利测试	市值/收入测试	市值/收入/现金流量测试	市值/现金流量测试
股东应占赢利	过去三年赢利达5000万港元(最近一年2000万港元,其前两年合计达3000万港元)	—	—	—
市值	上市时至少2亿港元	上市时至少40亿港元	上市时至少20亿港元	上市时市值至少1亿港元
收入	—	最近一个经审核财政年度至少达5亿港元	最近一个经审核财政年度至少达5亿港元	—

续表

项目	主板(只需符合其中一个测试即可)			创业板
	赢利测试	市值/收入测试	市值/收入/现金流量测试	市值/现金流量测试
现金流量	—	—	经营业务有现金流入,于前3个财政年度合计至少达1亿港元	于上市文件刊发之前两个财政年度合计至少2000万港元
营业记录	必须具备不少于3个财政年度的营业记录			必须具备不少于2个财政年度的营业记录
管理层持续性	发行人须在至少前3个年度内管理层维持不变,及在最近一个经审核的财政年度内拥有权和控制权维持不变			管理层在最近2个财政年度维持不变;及最近一个完整的财政年度内拥有权和控制权维持不变
股东数量	最少300人			最少100人
流动资产比例	至少25%的资产为流动资产(如果市值大于100亿港元,至少需要15%的资产为流动性资产)			

资料来源：公开资料，广证恒生。

从交易所的优惠政策看，港交所对新经济企业的发行条件放宽。自2017年起，港交所即开始就创新板、未通过财务测试的生物科技公司在香港上市、拥有同股不同权架构的高增长及创新产业公司在香港上市等制度改革征求市场意见。2018年4月24日，港交所宣布此前公开征求意见的上市制度改革新规将于4月30日生效（见表5）。正式允许未通过财务测试的生物科技公司在香港上市、拥有同股不同权架构的高增长及创新产业公司在香港上市。这对之前国内急需筹取资金而又未能满足财务、股权结构要求的企业有着极大的吸引力。

表5 2018年港交所发行新规汇总

时间	内容
4月24日	2018年4月24日,香港联交所宣布此前公开征求意见的上市制度改革新规将于4月30日生效。港交所在《主板上市规则》中主要针对三类企业做出如下主要改动： (1)允许未能通过主板财务资格测试的生物科技公司上市。 具体规则：对于无收入生物科技公司,港交所新增规定,拟上市公司预期市值不少于15亿港元,且要符合多项要求。包括从事核心产品研发至少12个月,至少有一项核心产品已经通过概念阶段进入第二期或第三期临床试验等。 (2)允许互联网科技公司等新经济企业以同股不同权架构上市。 具体规则：欲收纳同股不同权的公司上市时,相关拟上市公司上市最低预期市值不得少于400亿港元,如果预期市值低于400亿港元,申请人在最近一个财政年度必须录得10亿港元的收益。不同投票权只可以给予上市公司在上市时或者上市后的董事。此外,不同投票权不可超过普通股投票权的10倍。 (3)允许主营业务在大中华区的上市公司赴港二次上市。

资料来源：公开资料,广证恒生。

最后,股转系统与港交所签订的《全国股转公司与香港交易所签署合作备忘录》利好新三板企业赴港上市。全国股转公司对挂牌公司申请到香港联交所发行股票和上市不设前置审查程序及特别条件,这意味着"新三板+H股"模式没有进行制度上的差异化安排,该模式将为所有的新三板企业开放,不过需要注意的是境外发行H股需要向证监会申请并获得受理通知,因此只要符合香港交易所上市条件的新三板企业均可以考虑选择"新三板+H股"模式。

受港交所新政出台的刺激,2018年1~6月,新申报赴港上市的企业总数达238家,较上年同期的193家上升了23.32%,港股市场对企业的吸引力提高（见图8）。

2. 港股上市需关注破发风险与流动性风险

有赴港IPO意愿的企业也要考虑到香港资本市场不同于内地市场,

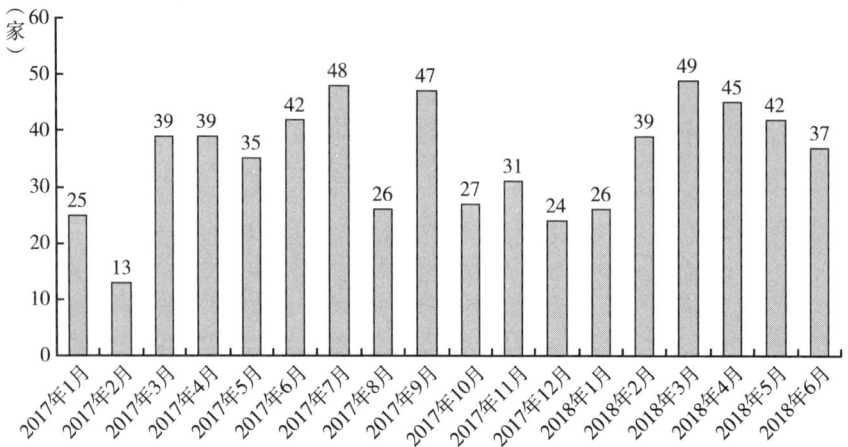

图 8　2017 年 1 月 1 日至 2018 年 6 月 31 日新报在港上市企业统计

资料来源：港交所，广证恒生。

制度的市场化与上市风险相伴相生。广证恒生建议重点关注破发、流动性不足两类风险，尽管上述风险不实质性地影响公司 IPO，但会在较大程度影响其后续资本运作，因此，值得有赴港 IPO 意愿的企业关注。

（1）破发风险：我们统计了 2017 年至今赴港上市的内地企业 IPO 首发价格以及上市后每日收盘价数据，从而发现部分内地企业赴港上市后首发日跌破发行价。2017～2018 年（截至 5 月 31 日），52 家赴港上市的内地企业中，13 家企业上市首日收盘价即跌破发行价，占比 25%。其中跌幅最高的是荣威国际（3358.HK），2017 年 11 月 16 日香港上市后，首发价格 4.38 港元，首发日收盘价仅 3.32 港元，跌幅为 24.20%。其次是雅生活服务（3319.HK），上市首日收盘价为 9.46 港元，较首发价格下跌了 23.09%（见表 6）。

从本质上讲，股票价格跌破发行价对公司日常运营不会产生影响，但从另一角度来说，如果公司的股票在二级市场表现不佳，将影响公司在资本市场后续的运作，如再融资以及债券发行。因此内地企业在考虑赴港上市时，尤其要考虑跌破发行价风险。

表6 2017～2018年5月底上市首日收盘价跌破发行价的中资股

证券代码	证券简称	上市日期	首发价格（港元）	上市首日收盘价（港元）	发行价跌幅（%）
3358.HK	荣威国际	2017-11-16	4.38	3.32	-24.20
3319.HK	雅生活服务	2018-02-09	12.30	9.46	-23.09
1671.HK	天保能源	2018-04-27	1.90	1.79	-5.79
1571.HK	信邦控股	2017-06-28	3.42	3.23	-5.56
8157.HK	象兴国际	2017-07-07	0.22	0.21	-4.55
2122.HK	凯知乐国际	2017-11-10	1.55	1.49	-3.87
1697.HK	山东国信	2017-12-08	4.56	4.42	-3.07
2116.HK	江苏创新	2018-03-28	1.25	1.22	-2.40
1257.HK	中国光大绿色环保	2017-05-08	5.40	5.30	-1.85
2281.HK	兴泸水务	2017-03-31	2.30	2.27	-1.30
3768.HK	滇池水务	2017-04-06	3.91	3.86	-1.28
1649.HK	内蒙古能建	2017-07-18	1.60	1.58	-1.25
6068.HK	睿见教育	2017-01-26	1.70	1.69	-0.59

资料来源：公开资料，广证恒生。

（2）流动性不足风险：我们分别统计了2017年至今在国内及香港上市新股自发行日至今的日均换手率与日均成交量。从日均成交量来看，港股新股与A股新股差异不大；从日均换手率来看，A股新股约10倍于港股（见表7）。两个指标之间的差异主要来自股本之间的差异，在这种情况下，用换手率作为流动性的衡量更为合适，港股新股的流动性不及A股新股。

同样地，内地企业赴港上市后流动性不足并不影响公司经营，但却可能影响股票估值的合理性。若公司因流动性不足而导致估值不稳定，则其面临的境地与其在新三板流动性不足时面临的境地类似。

表7 2017年以来A股、港股新上市企业发行至今日均成交量和日均换手率状况

	数量	发行至今日均换手率（中位数）	发行至今日均换手率（平均数）	发行至今日均成交量（中位数）	发行至今日均成交量（平均数）
2017年以来新上市A股	491	9.11	10.58	354.72	585.15
2017年以来新上市港股	52	0.47	1.05	363.89	565.03

资料来源：公开资料，广证恒生。

3. 挂牌企业的港股上市策略：优质医药生物企业及财务指标未达A股IPO要求的成长企业可考虑赴港

按照Wind数据库中资股的口径统计，2016年共有47家内地企业赴港上市，月均3.9家；2017年共有44家内地企业赴港上市，月均3.7家；2018年上半年，赴港上市的内地企业共有19家，月均3.1家，较上年全年下降约16%。在国内IPO审核趋缓趋严以及港交所新政出台的背景下，我们预计有更多的内地企业，包括新三板企业会将港股上市纳入资本规划路径的考量当中。从当前情况看，原新三板挂牌企业华图教育已摘牌冲击港股，"新三板+H股"出台以后，成大生物、君实生物、盛世大联亦已将发布赴港上市的公告。从2018年6月的情况看，在港上市的中资股数量环比回升。

对于新三板企业而言，我们建议着重比较赴港IPO的收益与成本。从收益上看，一是赴港IPO审核以及上市标准相对宽松，企业在IPO过程中对上市进程的可预见性更高。二是港交所针对生物医药企业放宽财务标准，对于不赢利的生物医药企业而言，港交所是其IPO较好的去向。三是"新三板+H股"框架已落地，企业可以在不摘牌的情况下登陆港股市场，借助港股平台募集资金并提升自身的估值效率。从成本上看，第一，企业赴港IPO面临着破发以及流动性不

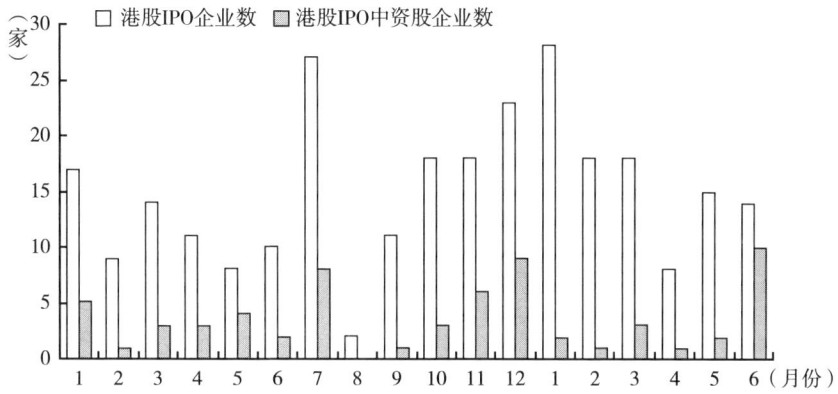

**图9　2017～2018年上半年港股IPO企业数及
港股IPO中资股企业数统计**

资料来源：Wind，广证恒生。

足两大风险；第二，无论是通过红筹架构还是以H股的模式上市，企业在股权结构上的调整也需要耗费一定的成本。第三，对于有意采取"新三板+H股"模式的新三板企业而言，将较单一市场挂牌（上市）的企业付出更多的维护成本，需要企业在做出选择前慎重考虑。

结合以上比较，我们认为新三板企业中适合赴港上市的企业有两类。第一类是挂牌生物科技企业，对于这一类企业而言，港股上市可能是其为数不多的选择之一。我们建议优质新三板挂牌企业可以充分利用港交所对生物科技企业的新政以及"新三板+H股"模式，两地挂牌（上市）以充分利用两个市场的资源谋求发展。第二类是体量尚未达到A股标准或某些条件不满足A股上市要求，但成长迅速的优质创新型企业。对于这一类企业而言，我们认为它在港股上市时面临的流动性以及破发风险相对较低，同时，港股优良的流动性及定价机制将有利于这类企业在新三板市场定价效率的提升，进而更充分地利用新三板市场的融资功能。

（三）并购重组：规模逼近天花板的优质企业可将并购重组纳入资本规划路径之中

进入2018年以来，IPO审核呈现趋缓趋严的趋势，而并购重组委的审核在速度以及通过率上则表现更为稳定。我们认为体量适中且中短期证券化意愿强烈的挂牌企业可以将并购重组纳入资本规划路径当中。

1. 上市公司并购新三板案例数缓增但估值渐降

与IPO审核情况形成对比的是，上市公司并购新三板企业案例数在2016～2018年缓慢上升。对于企业而言，这一资本化路径的可预见性更高。根据choice数据库按"首次公告日"口径的统计，2016年上市公司并购新三板企业公告110例，2017年公告113例，2018年上半年已公告79例，比2017年同期增长58.00%，表明越来越多的企业将被并购加入资本路径的考量当中（见图10）。

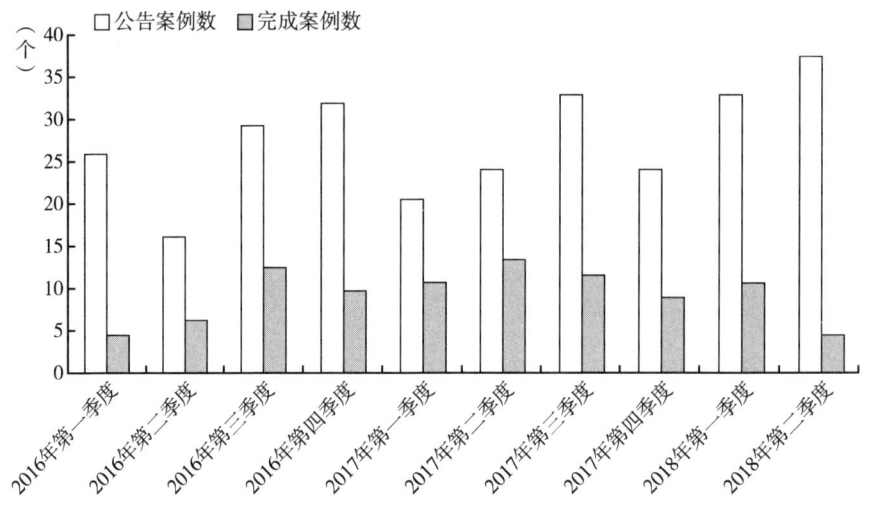

图10 2016～2018年上市公司并购新三板企业案例数统计

资料来源：Choice，广证恒生。

从估值维度看，按照 2018 年的 14 个样本计算，平均有效 PE 为 18.16，按照 2017 年的 30 个样本计算，同期平均有效 PE 为 23.78，全年的平均有效 PE 为 24.55。按照 2016 年的 12 个样本计算，平均有效 PE 为 32.47，全年有效 PE 为 25.92（见图 11）。由此可见，年平均估值水平呈现逐年下降的趋势。

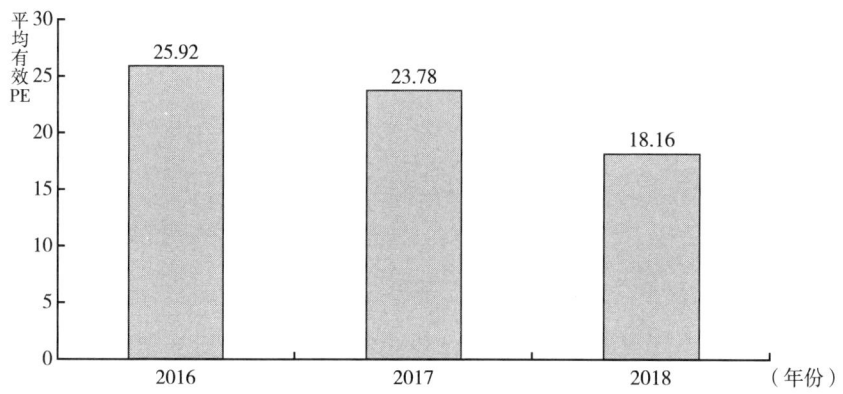

图 11　2016～2018 年被并购新三板企业估值水平状况

资料来源：Wind，Choice，广证恒生。

＊按照"并购对价 = 交易金额/本次交易新三板公司股权比例"、"PE（按并购对价和归母净利润 TTM 计）= 并购对价/归属母公司股东的净利润（TTM，时间跨度为并购首次公告日之前最近的半年报/年报报表日前推 12 个月）"计算，剔除大于 100 以及负值，得到有效的 PE（按并购对价和归母净利润 TTM 计）

2. 2018 年上半年被并购挂牌企业的平均规模上升而成长性下降

2018 年被上市公司并购的新三板企业净利润规模上升。2018 年，14.28% 企业的归母净利润在 1000 万元以下，38.77% 的被并购企业归母净利润在 1000 万～3000 万；30.61% 的被并购企业归母净利润在 3000 万～1 亿元的新三板企业有 15 家；8.16% 的被并购企业归母净利润在 1 亿元以上（见图 12）。总体来说，2018 年被上市公司并购的企业归母净利润规模高于 2017 年（见图 13）。

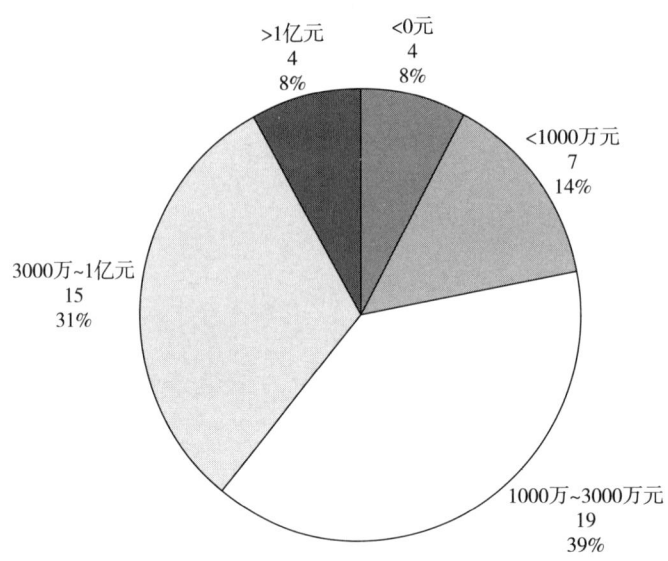

图 12　2018 年被并购新三板企业归母净利润分布情况

资料来源：Wind，Choice，广证恒生。

归母净利润增速的分布看，2018年上半年被上市公司并购的新三板企业成长性有所下降。2018年上半年，被并购企业的归母净利润增速中位数较2017年有所下降。归母净利润增速大于100%企业的占比为36%，低于2017年全年的48%；归母净利润增速在50%～100%的企业占比为11%，同样低于2017年的17%。

广证恒生在《2017年以来16例重大资产重组方案未通过并购重组委审核的原因及案例分析》中指出，对于需要经过并购重组委审核的交易而言，并购标的持续赢利能力是并购重组委的审核重点，也是并购重组方案成功实施的必要条件。对于有意愿谋求被并购的新三板企业而言，自身的规模以及成长性同样是上市公司考察的重要因素。

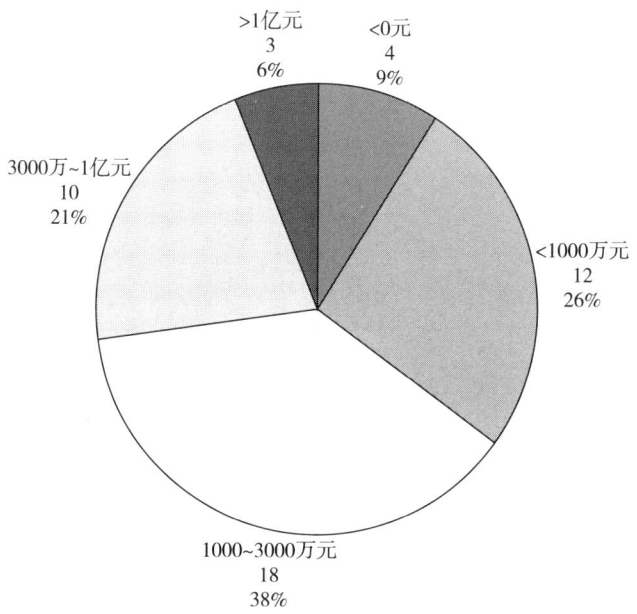

图 13　2017 年被并购新三板企业归母净利润分布情况

资料来源：Wind，Choice，广证恒生。

3. 挂牌企业的并购重组策略：体量适中且中短期证券化意愿强烈的挂牌企业可将并购重组纳入资本规划路径当中

我们认为，在国内 IPO 审核趋缓趋严的背景下，中短期有证券化需求，归母净利润规模在 1000 万~3000 万元或规模已接近天花板的挂牌企业可以考虑并购重组这一证券化路径。第一，并购重组的审核速度以及通过率相对稳定，即便这一并购重组交易需要经过证监会审核，企业在进行资本规划的时候对未来审核进度的可预见性更强。第二，并购重组委着重关注被并购标的的持续赢利能力及其与上市公司的协同性问题，满足这一条件的并购重组方案通过率相对较高。因而，对于企业而言，证监会的重点关注问题同样具有较高的可预见性。第三，通过对 2018 年上半年上市公司并购挂牌企业的归母净利润看，上市公司对归母净利润规模的要求上升，对成长性的要求则有所下降。具备一定规模

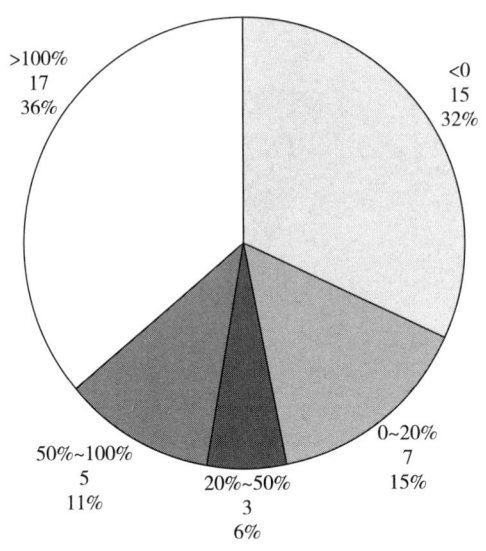

图 14　2018 年被并购新三板企业归母净利润增长率分布情况

资料来源：Wind，Choice，广证恒生。

但已接近行业天花板的企业是上市公司的首选。第四，即便企业并购重组方案审核被否，上市公司或被并购的企业的后续资本规划运作也不会因此产生明显影响。由此，对于具有一定体量，但未来成长性较低的挂牌企业而言，选择被并购是一条可行的资本规划路径（见图14、图15）。

（四）小结

至此，我们梳理了2018年新三板挂牌企业可行的资本路径。其一，IPO的审核趋缓趋严并伴随着"堰塞湖"的疏通是归母净利润规模较高的"新经济"企业申报IPO的良好时间窗。其二，对于利润规模暂不符合A股上市的规定，但行业空间与成长性均突出的新三板企业而言，港股上市是可以考虑的路径。另外，考虑到港交所的新政，我们认为优质生物科技企业申报港股IPO可以获得制度红利。其三，自身体量具备一定规模，但成长性相对有限的企业可将被并购纳

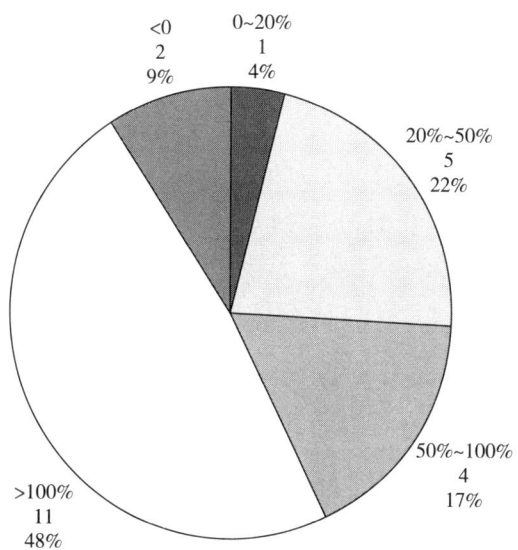

图 15　2017 被并购新三板企业归母净利润增长率分布情况

资料来源：Wind，Choice，广证恒生。

入资本规划路径当中，依托上市公司与上市公司的资源协同提升自身价值。

企业的资本规划需充分考虑自身特点与能力。对于新三板中规模相对较小，赢利能力相对较低的企业而言，我们建议可继续挂牌新三板，充分利用这一平台并开拓多元化的直接融资渠道，借助资本的力量谋求自身发展。

三　新三板企业的融资策略：开拓多元化渠道，积极推动融资落地

（一）现金流缩窄，直接融资重要性凸显

从新三板企业现金流量表的整体性分析来看，2017 年新三板企

业的现金流较2015~2016两年进一步收紧，2017年平均现金流净额由正转负。2016年新三板平均现金流净额为329.52万元人民币，2017年由正转负，现金流净额算术平均值为-75.47万元，相较于2015年的算术平均值1458.64万元下降了1534.11万元；中位数为8.26万元，较2015年的中位数217.83万元下降了209.57万元，新三板企业的现金流量净额下降（见图16）。

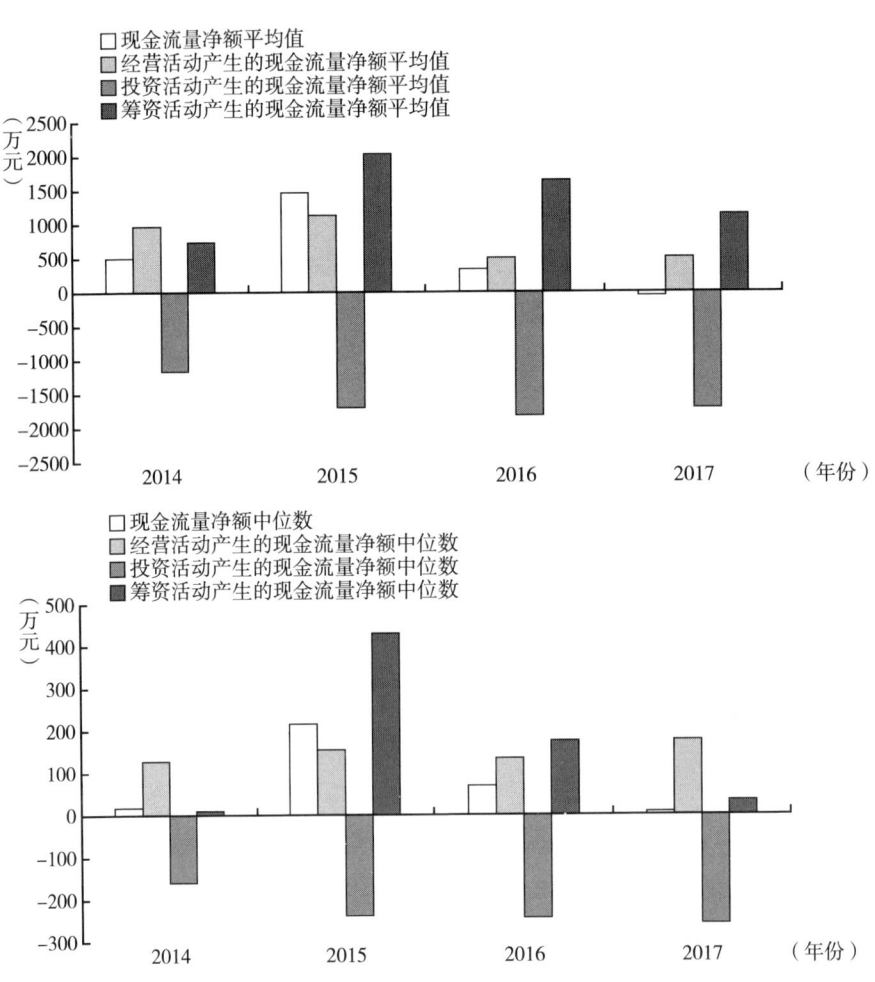

图16 2014~2017年新三板企业现金流变化状况

资料来源：Wind，广证恒生。

从结构看，新三板企业现金流量净额的下降首先来自筹资活动产生的现金流量净额不断下降。首先，筹资活动的现金流量净额算术平均数从 2015 年的 2020.39 万元下降至 2017 年的 1143.41 万元，中位数则从 2015 年的 430.56 万元下降至 2017 年的 34.13 万元，2017 年新三板企业平均筹资现金流较 2016 年下降 30.55%。其次，投资性活动产生的现金流量净额基本维持不变：算术平均值从 2015 年的 1705.43 万元的净流出微升至 2017 年的 1705.10 万元；中位数从 240.02 万元的净流出微升至 259.21 万元的净流出。最后，经营活动产生的现金流下降：算术平均值从 2015 年的 1139.29 万元下降至 2017 年的 502.96 万元。筹资活动产生的现金流量净额及经营活动产生的现金流量净额下降是新三板企业现金流量下降的主要原因（见图 17）。

2016~2017 年新三板定增市场较 2015 年的降温是新三板企业的筹资活动产生的现金流入及流量净额连续两年大幅下降的主要原因。我们按照（吸收投资收到的现金 + 发行债券收到的现金）/（筹资活动现金流入小计）计算直接融资的现金流量占比。这一比率的变动与筹资活动产生的现金流量净额呈明显的正相关关系，由此可见直接融资对筹资活动现金流的重要性。由此推断新三板市场对企业直接融资的支持不足是筹资活动产生的现金流量净额下降的重要原因，这也是《新三板挂牌公司 2017 年年报分析报告》中提出"针对不同成长阶段企业提供差异化和更高效的融资方式，加大对中小企业的融资支持力度"的缘起。

广证恒生在 2017 年 5 月 7 日发布的《新三板"瞪羚"企业现金流分析启示：现金流收紧趋势下，直接融资重要性凸显》中：企业的高成长性往往伴随着稳健增长的投资行为，而稳健增长的投资行为必然也难以离开融资的支持。因此，要在现金流承压的背景下在行业中突围，合理的融资以及融资规划必不可少。对于新三板企业而言，

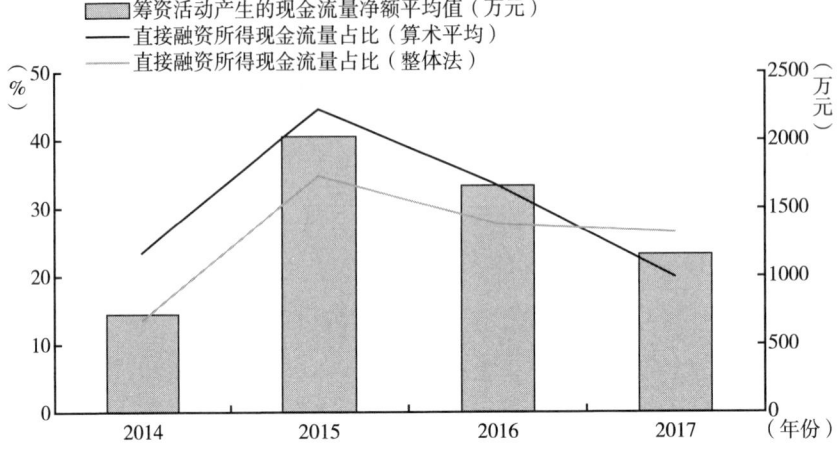

图 17　2014～2017 年新三板企业筹资活动产生的现金流量净额及直接融资占比状况

资料来源：Wind，广证恒生。

定向增发是其主要融资渠道。我们将在下文中重点梳理新三板定向增发市场的状况。

（二）2018年上半年，新三板定增市场遇冷，结构化凸显，企业当及早融资并开拓多元融资渠道

2018年以来，新三板预计募集资金以及实际募集资金额均出现明显的下降。2018年1～7月，新三板企业定增预案募资414.11亿元，较上年同期的1071.61亿元下降近61.36%（见图18）；实际募集资金517.06亿元，较上年同期的811.30亿元下降近36.27%；从单月的情况看，2018年4～7月的预案募集资金以及实际募集资金均在50亿～70亿元的地位徘徊。

我们以新三板定增的投后市盈率（定增价格×定增后总股本/归母净利润TTM）为代表研究股权投资市场估值变化。此处的样本剔除了融资对象仅为大股东或关联方的定增案例以及估值为负或大于

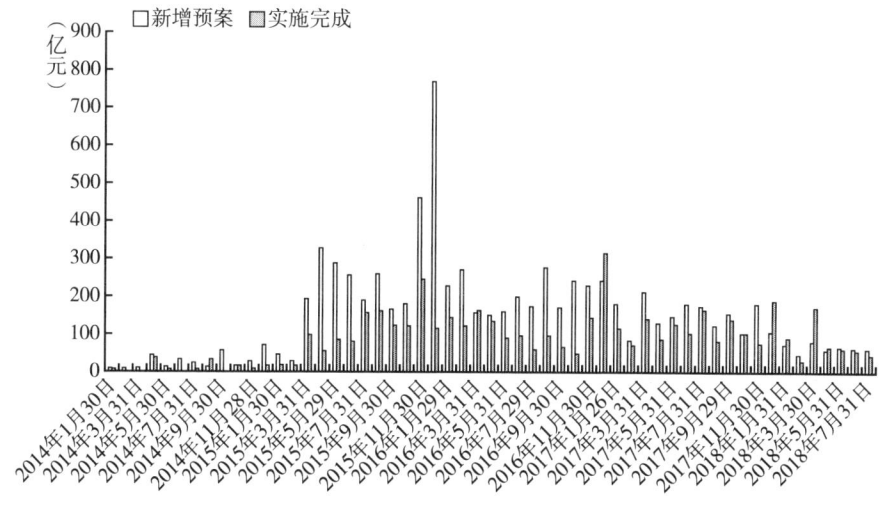

图 18 2014~2018 年 7 月底新三板企业定增预案募资情况

资料来源：Choice，广证恒生。

100 的数据。

从 2015 年至今，新三板定向增发的投后估值呈逐年降低的趋势：2018 年 1~8 月数据（7 月无符合上述要求的定增）为 21.87，较 2015 年年度投后估值中位数 25.07 下降 12.77%。从月度数据看，投后估值在 2 月达到年内的高峰 26.52，此后一直处于下降趋势，至 2018 年 6 月的 17.78 倍，较 2 月下降了 32.96%（见图 19）。

2017 年和 2018 年进行定向增发的企业中，归母净利润大于 1000 万元的企业占比逐年增加。我们纵向对比 2015~2016 年、2017~2018 年 6 月两个时间区间内成功实施定向增发的企业归母净利润规模结构。可以看出定增成功的案例中归母净利润规模大于 1000 万元的企业占比增加了 12.84%（见图 20）。

中关村新三板蓝皮书

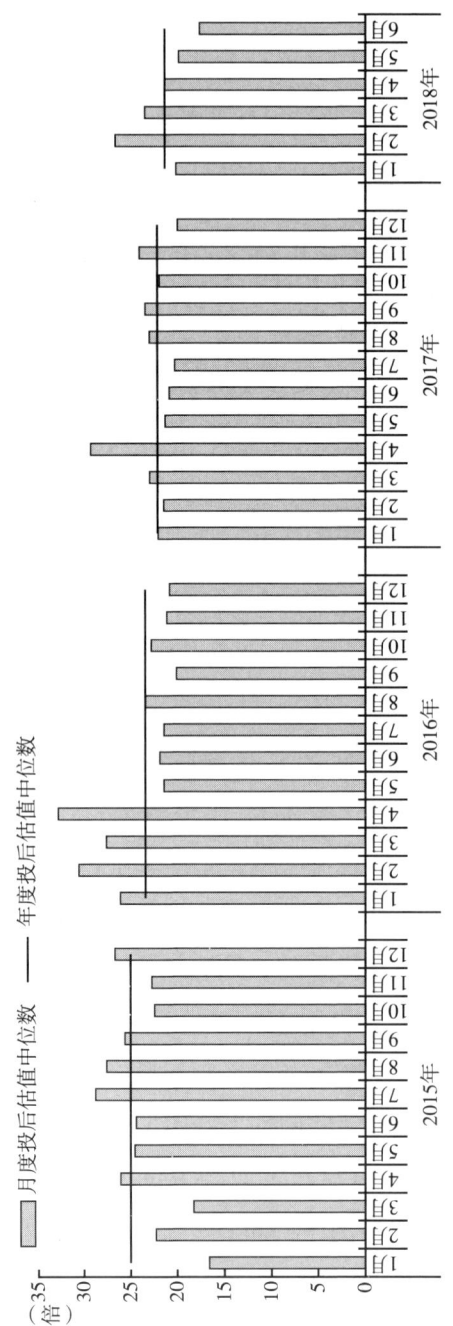

图19 2015~2018年上半年新三板企业定向增发投后估值情况

资料来源：Wind，广证恒生。

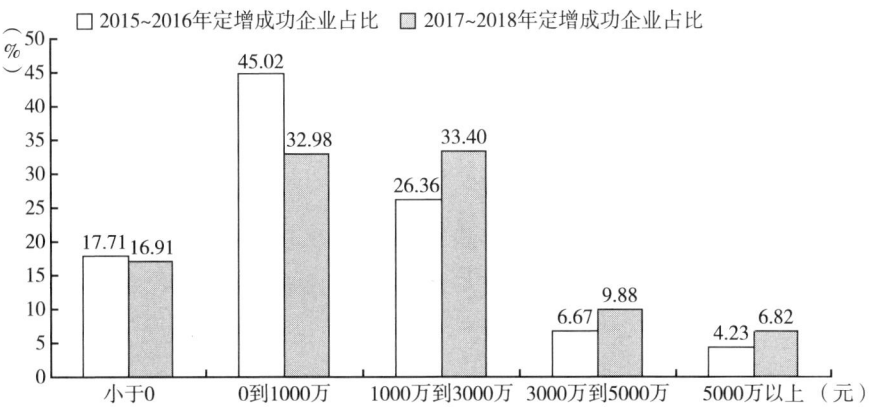

图20　2015~2016年和2017~2018定增成功的企业规模对比状况

资料来源：Wind，广证恒生。

我们进一步对比2015~2018年成功定增企业的四年的平均归母净利润值，以及2015~2018年未定增企业的四年的平均归母净利润值作对比。成功实施定向增发企业的归母净利润规模大于没有实施定向增发企业的规模，进一步说明了定增融资的结构性凸显（见图21）。

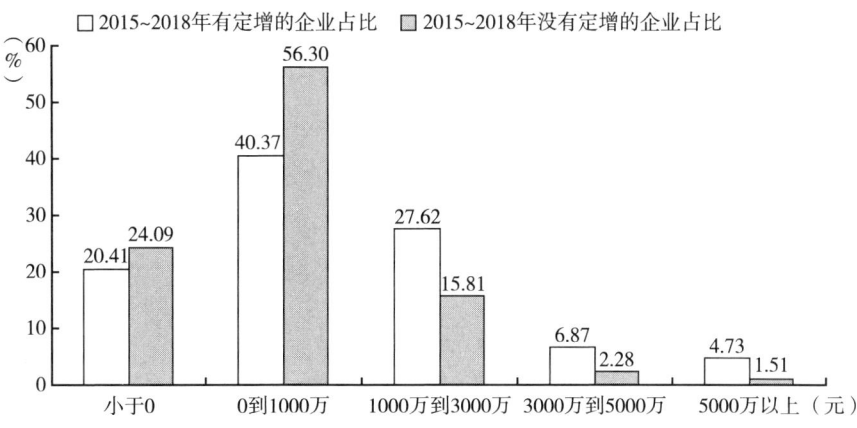

**图21　2015~2018年不同定增结果的新三板企业
归母净利润分布情况**

资料来源：Wind，广证恒生。

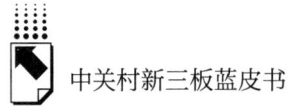

在定增市场规模收缩，估值下降，结构化凸显的背景下，企业募资难度加大。对于有资金需求的企业，我们认为"现金为王"的策略最为有效：（1）对于已经在与投资方接洽的企业，在资金供给不足的情况下，应较投资方更为积极地推动融资进程。（2）对于有融资计划的企业，我们认为晚融不如早融。由于当前的资金市场属于卖方市场，过分追求高估值无益于融资落地。主动、合理地调整估值将有利于尽快获取融资。

及早做好资本规划，合理开拓多元化直接融资渠道，更有利于企业高效融取发展所需的资金，解决现金流不足的困境。

（三）多元化融资渠道下，创新创业债成为创新层企业可行融资方式

在广证恒生新三板2018年年度策略中，我们提出创新创业债未来有望成为新三板创新层企业有效的融资渠道。截至2018年5月31日，仍在新三板挂牌的企业共发行双创债18只，其中，可转双创债5只。

我们进一步分析发行创新创业债企业的财务条件与募资规模。从发行债券时企业的归母净利润规模来看，在17旭杰转、17旭杰债、17胄天债三只债券发行时，对应企业的归母净利润（TTM）小于1000万元；君实生物在发行18君实转时，归母净利润为－2.32亿元，由此可见创新创业债为利润规模较小的高成长型创新层企业提供了有效的融资渠道。从发行规模看，18只双创债募资规模中位数为2750万元，平均值为1.35亿元（见表8）。

我们认为，在定增市场遇冷的背景下，符合发行条件的创新层企业可以考虑将发行创新创业债作为拓宽直接融资渠道的手段之一。

表8 新三板企业发行创新创业债券

代码	名称	企债名称	企债类型	发行日期	发行时归母净利润(万元)	发行规模（万元）
430236.OC	美兰股份	18美兰债	公司债	2018-06-29	1039.35	2000.00
836081.OC	西谷数字	18西谷债	公司债	2018-06-14	2566.90	500.00
837770.OC	紫科环保	紫科转S1	可转换债券	2018-06-05	1697.12	4500.00
838641.OC	合佳医药	18合佳01	可转换债券	2018-04-27	4844.30	2500.00
833330.OC	君实生物	18君实转	可转换债券	2018-02-23	-23213.87	20000.00
831049.OC	赛莱拉	18广赛S1	公司债	2018-02-12	2437.05	3000.00
430074.OC	德鑫物联	18德鑫泉	公司债	2018-02-09	4113.33	3000.00
836019.OC	阿尔特	18阿尔特	公司债	2018-02-01	6180.03	6000.00
430211.OC	丰电科技	17丰电债	公司债	2017-12-27	1333.40	3000.00
839603.OC	乐米科技	17乐米债	公司债	2017-12-15	1147.61	1000.00
833979.OC	天图投资	17天图02	公司债	2017-10-20	99390.97	80000.00
430263.OC	蓝天环保	蓝天转S1	可转换债券	2017-10-16	4470.87	2000.00
836149.OC	旭杰科技	17旭杰转	可转换债券	2017-10-16	512.09	1060.00
839583.OC	图南电子	17图南01	公司债	2017-08-28	2096.33	1000.00
830881.OC	圣泉集团	17圣泉01	公司债	2017-07-31	48510.59	10000.00
836149.OC	旭杰科技	17旭杰债	公司债	2017-07-10	706.69	1560.00
833979.OC	天图投资	17天图01	公司债	2017-05-22	69004.16	100000.00
835836.OC	胄天科技	17胄天债	公司债	2017-02-24	593.07	1200.00

资料来源：Wind，广证恒生。

结　语

2018年是资本市场的冬天。流动性下降，资金供给减少。新三板企业的各个资本规划选项也未见"主流"。高处掠平地，低处练内功。在趋冷的市场环境下,企业更需拉长周期,做好长期的业务规划及资本路径规划:或储"粮"过冬,积极筹划融资落地,在资金供给不足的情况下占得先机,为未来几年的发展筹取资金;或自我修炼,通过合法合规地运作实现业绩的稳步增长,做好长期资本规划迎接挑战。

B.12 2017年中关村新三板企业公司治理研究报告

中关村上市公司协会研究部 *

摘 要： 本报告从股东持股比例、机构持股比例、董事长与总经理是否为同一主体以及公司独立董事人数等方面对2017年中关村新三板企业公司治理情况进行了分析研究，拟勾勒出中关村新三板企业公司治理现状和特征。报告结论显示，中关村新三板企业第一大股东持股比率普遍较高，可显著降低代理问题发生的风险；前十大股东持股比例较高，股权集中程度高且稳定，公司经营不易出现波动；机构投资者的持股比例不断加大，中关村新三板越来越受机构投资者的青睐；董事长与总经理为同一人的比例相对较高，企业管理权力普遍较为集中；独立董事设置比例相对较低。

关键词： 中关村新三板 持股比例 代理问题 独立董事

一 第一大股东持股比例

第一大股东通常在公司管理和发展方面扮演着重要的角色，第一

---

* 本文由中关村上市公司协会研究部完成，主要执笔人：陈红，中关村上市公司协会研究部主任，负责中关村区域经济研究工作；葛琰，中关村上市公司协会助理研究员，主要从事中关村区域经济研究工作。

大股东的持股比例往往也会影响公司的经营业绩。2017年，有44.67%（646家）的中关村新三板公司第一大股东持股比例超过50%；39.49%（571家）的中关村新三板公司第一大股东持股比例处于30%~50%；仅有15.84%（229家）的中关村新三板公司持股比例低于30%。该组数据表明中关村新三板公司第一大股东持股比率普遍较高，在公司治理上有绝对控制权，并且大部分公司的第一大股东即为创始人，这显著降低了代理问题发生的风险，有利于公司的持续和有效经营（见表1）。

表1 2014~2017年中关村新三板企业第一大股东持股比例情况

第一大股东持股比例	项目	2014年	2015年	2016年	2017年
30%及以下	数量/家	61	132	233	229
	占比(%)	17.09	17.41	15.82	15.84
30%~50%	数量/家	120	306	573	571
	占比(%)	33.61	40.37	38.90	39.49
50%~70%	数量/家	111	208	428	427
	占比(%)	31.09	27.44	29.06	29.53
70%及以上	数量/家	65	112	239	219
	占比(%)	18.21	14.78	16.23	15.15

注：本表组别所统计数据均包含上限，不包含下限。下同。
资料来源：Wind，中关村上市公司协会整理。

从分层情况来看，与基础层企业相比，创新层企业的股权相对分散。2017年，中关村新三板创新层有33.17%（67家）的企业第一大股东持股比例集中在30%及以下，基础层则仅有13.02%（162家）的企业；创新层有43.56%（88家）的企业第一大股东持股比例处于30%~50%，基础层则有38.83%（483家）的企业；创新层有23.27%（47家）的企业第一大股东持股比例集中在50%及以上，基础层则有48.15%（599家）的企业（见表2）。

表2 2017年中关村新三板企业第一大股东持股比例情况

第一大股东持股比例	项目	创新层	基础层
30%及以下	数量/家	67	162
	占比(%)	33.17	13.02
30%~50%	数量/家	88	483
	占比(%)	43.56	38.83
50%~70%	数量/家	35	392
	占比(%)	17.33	31.51
70%及以上	数量/家	12	207
	占比(%)	5.94	16.64

资料来源：Wind，中关村上市公司协会整理。

二 前十大股东持股比例合计

2017年，中关村新三板公司前十大股东持股比例合计70%~90%的公司占比31.67%，90%及以上的公司占比57.81%，合计89.49%，2014年、2015年、2016年前十大股东持股比例占70%以上的公司占比分别为92.44%、94.19%、92.13%，表明中关村新三板公司的股权集中程度高且稳定，公司经营不容易出现波动（见表3）。

表3 2014~2017年中关村新三板企业前十大股东持股比例情况

前十大股东持股比例合计	项目	2014年	2015年	2016年	2017年
30%及以下	数量/家	19	12	76	23
	占比(%)	5.32	1.58	5.16	1.59
50%~70%	数量/家	8	32	40	129
	占比(%)	2.24	4.22	2.72	8.92
70%~90%	数量/家	51	146	219	458
	占比(%)	14.29	19.26	14.87	31.67

续表

前十大股东持股比例合计	项目	2014年	2015年	2016年	2017年
90%及以上	数量/家	279	568	1138	836
	占比(%)	78.15	74.93	77.26	57.81

资料来源：Wind，中关村上市公司协会整理。

从分层情况来看，2016年，创新层企业和基础层企业前十大股东持股比例的集中程度都相对较高，但创新层企业的前十大股东持股比例相对更分散些。创新层企业前十大股东持股比例合计分布在70%~90%、90%及以上的企业家数相对均匀，分别为82家（占比40.59%）、88家（占比43.56%）；基础层企业前十大股东持股比例合计则主要分布在90%及以上，共748家（占比60.13%），分布在70%~90%的仅有376家（占比30.23%），对比2016年的情况，基础层企业前十大股东持股比例合计在90%以上、70%~90%的企业家数分别为1065家（占比82.18%）、147家（占比11.34%），可看出基础层企业前十大股东持股比例的集中程度显著降低（见表4）。

表4 2017年中关村新三板企业前十大股东持股比例情况

前十大股东持股比例合计	项目	创新层	基础层
50%及以下	数量/家	6	17
	占比(%)	2.97	1.37
50%~70%	数量/家	26	103
	占比(%)	12.87	8.28
70%~90%	数量/家	82	376
	占比(%)	40.59	30.23
90%及以上	数量/家	88	748
	占比(%)	43.56	60.13

资料来源：Wind，中关村上市公司协会整理。

三 机构持股比例[①]合计

机构投资者拥有较高的专业性,相较于其他投资者能为企业的管理经营带来更多的支持与帮助。但出于投入与回报比的考虑,只有当机构投资者持股比例较高,其参与企业经营管理投入成本低于企业额外收益带来的回报时,机构投资者才有动机参与企业经营管理。因而,在一定程度上可认为,机构投资者持股比例越高,公司经营管理水平越高。

2017年,中关村新三板企业机构投资者的持股比例多数集中在10%以下,占比从2016年的44.67%大幅降低到2017年的36.45%,并呈现机构投资者持股比例越高的组别,企业数量占比越少的特征,表明目前中关村新三板企业机构投资者的持股比例还有待提升。但纵观2014~2017年四年的数据变化情况可发现,机构投资者持股比例在10%及以下的企业数量不断减少,而机构投资者持股比例在10%~30%、30%~50%、50%~70%及70%~90%分段的企业数量占比都有不同程度的提升,表明中关村新三板企业机构投资者的持股比例正在不断加大,投机性投资者的比例在逐渐减少,中关村的新三板企业也越来越受机构投资者的青睐,中关村新三板公司经营管理水平也在不断提高(见表5)。

表5 2014~2017年中关村新三板企业机构持股比例情况

机构持股比例合计	项目	2014年	2015年	2016年	2017年
10%及以下	数量/家	216	362	658	527
	占比(%)	60.50	47.76	44.67	36.45

① 机构持股比例合计=机构持股合计/流通A股×100%

续表

机构持股比例合计	项目	2014年	2015年	2016年	2017年
10%~30%	数量/家	45	108	215	266
	占比(%)	12.61	14.25	14.60	18.40
30%~50%	数量/家	34	111	205	228
	占比(%)	9.52	14.64	13.92	15.77
50%~70%	数量/家	30	78	161	201
	占比(%)	8.40	10.29	10.93	13.90
70%~90%	数量/家	17	45	107	109
	占比(%)	4.76	5.94	7.26	7.54
90%及以上	数量/家	15	54	127	115
	占比(%)	4.20	7.12	8.62	7.95

资料来源：Wind，中关村上市公司协会整理。

从分层情况来看，相对而言，创新层企业更受投资机构的青睐。对于基础层企业而言，有41.08%的企业机构投资者持股比例在10%以下，机构持股比例越高，企业数量占比相对越少；而对于创新层企业，有超过一半的企业机构投资者持股比例集中在10%~30%和30%~50%。还有接近40%的企业机构投资者持股比例集中在50%及以上（见表6）。

表6 2017年中关村新三板企业机构持股比例情况

机构持股比例合计	项目	创新层	基础层
10%及以下	数量/家	16	511
	占比(%)	7.92	41.08
10%~30%	数量/家	51	215
	占比(%)	25.25	17.28

续表

机构持股比例合计	项目	创新层	基础层
30%~50%	数量/家	55	173
	占比(%)	27.23	13.91
50%~70%	数量/家	39	162
	占比(%)	19.31	13.02
70%~90%	数量/家	30	79
	占比(%)	14.85	6.35
90%及以上	数量/家	11	104
	占比(%)	5.45	8.36

资料来源：Wind，中关村上市公司协会整理。

四 董事长与总经理是否为同一主体

对于企业而言，董事长与总经理由同一主体担任既可能存在益处，也可能存在弊端。由于董事会与管理层的控制权掌握在同一人手中，其他人无法轻易获得公司经营的控制权，公司的发展将与董事长个人的能力紧密相关，这样的特征对于成长期的企业发展更为有利，避免了因利益分配出现的企业管理层矛盾，从而使企业管理团队能充分将精力投入业务发展当中。但另一方面，由于企业权力的高度集中，存在着实际控制人的过度控制、利益侵占、控制人偏好带来的重大决策失误等潜在风险。

通过统计分析，2017年，中关村新三板企业当中有58.16%的企业董事长与总经理由同一主体领导，企业经营管理权力较为集中（见表7）。

表7 2014~2017年中关村新三板企业董事长
与总经理是否为同一主体情况

董事长与总经理是否同一人	项目	2014年	2015年	2016年	2017年
相同	数量/家	214	426	847	841
	占比(%)	59.94	56.20	57.50	58.16
不相同	数量/家	143	332	626	605
	占比(%)	40.06	43.80	42.50	41.84

资料来源：Wind，中关村上市公司协会整理。

从分层情况来看，创新层和基础层企业在该项指标上的表现趋同。2017年，创新层企业董事长与总经理相同的企业数量占比为57.92%，基础层企业数量占比为58.20%（见表8）。

表8 2017年中关村新三板企业董事长与总经理是否为同一主体情况

董事长与总经理是否同一人	项目	创新层	基础层
相同	公司数	117	724
	占比(%)	57.92	58.20
不相同	公司数	85	520
	占比(%)	42.08	41.80

资料来源：Wind，中关村上市公司协会整理。

五 公司独立董事人数

从中关村新三板企业独立董事人数的分布结构看，多数企业不设独立董事，且这一类型的企业占比不断加大；同时，在设置独立董事的企业中，拥有 3 名独立董事的企业相对较多。整体来看，中关村新三板企业独立董事数量较少，这与多数新三板企业自身所处的发展阶段相关联。对于多数新三板企业，更多精力被投注于企业业务发展，在我国整体独立董事职位多处于消极状态的现状下，独立董事职务的设立往往被企业所忽视；另外外聘独立董事对董事会决议的影响和独立董事的额外成本支出也是中关村新三板企业较少设立独立董事的影响因素之一（见表9）。

表9 2014~2017年中关村新三板企业独立董事人数情况

公司独立董事人数	项目	2014年	2015年	2016年	2017年
0人	数量/家	316	676	1368	1363
	占比(%)	88.52	89.18	92.87	94.26
1人	数量/家	9	14	18	14
	占比(%)	2.52	1.85	1.22	0.97
2人	数量/家	4	13	19	11
	占比(%)	1.12	1.72	1.29	0.76
3人	数量/家	25	50	61	50
	占比(%)	7.00	6.60	4.14	3.46
4人	数量/家	3	5	7	8
	占比(%)	0.84	0.66	0.48	0.55

资料来源：Wind，中关村上市公司协会整理。

2017年，创新层企业中有20.90%（29家）的公司设立了独立董事，而基础层企业仅有5.25%（54家）的公司设立了独立董事。这一数据差异显示，中关村新三板创新层企业有较为完善的董事制度，企业在进行重大经营决策时，独立董事能提供相对独立、专业的判断和意见指导，避免董事会通过有益于股东但有悖于企业发展的提案，使企业的短期利益与长远发展得不到有效平衡（见表10）。

表10 2017年中关村新三板企业公司独立董事人数分布情况

公司独立董事人数	项目	创新层	基础层
0人	数量/家	173	1190
	占比(%)	79.10	94.75
1人	数量/家	5	9
	占比(%)	2.82	1.00
2人	数量/家	2	9
	占比(%)	2.26	1.16
3人	数量/家	19	31
	占比(%)	14.12	2.78
4人	数量/家	3	5
	占比(%)	1.69	0.31

资料来源：Wind，中关村上市公司协会整理。

参考文献

燕志雄、张敬卫、费方域：《代理问题、风险基金性质与中小高科技企业融资》，《经济研究》2016年第9期。

徐莉萍、辛宇、陈工孟：《股权集中度和股权制衡及其对公司经营绩效的影响》，《经济研究》2006年第1期。

B.13
2017年主要地区新三板发展状况对比分析

中关村上市公司协会研究部[*]

摘　要： 本报告通过中关村、广东（除深圳）、深圳、江苏、浙江和上海五个地区新三板企业的对标分析，重点研究中关村新三板企业的特征与成长能力。报告从整体情况、企业赢利能力和创新层企业情况三个角度进行分析，依据市值、总资产、营业收入等重要指标，对中关村与其他地区新三板企业进行对标分析。研究结论显示，中关村新三板企业已形成一定规模，企业质量普遍较高，整体实力优于其他区域。

关键词： 中关村新三板　区域对比　创新层

一　各地区整体情况对标分析

2017年中关村新三板企业总市值为6827.45亿元，与此相对应，广东（除深圳）、深圳、江苏、浙江、上海地区总市值分别为

---

[*] 本文由中关村上市公司协会研究部完成，主要执笔人：陈红，中关村上市公司协会研究部主任，负责中关村区域经济研究工作；葛琰，中关村上市公司协会助理研究员，主要从事中关村区域经济研究工作。

2333.24亿元、1850.51亿元、2702.10亿元、2506.82亿元和2547.51亿元。中关村新三板企业总市值较2016年增长5.30%，广东（除深圳）、深圳、江苏、浙江、上海地区的增长率分别为15.47%、-24.67%、15.11%、18.56%、0.67%。中关村新三板企业总市值最高，但增长率相对较低（见图1）。

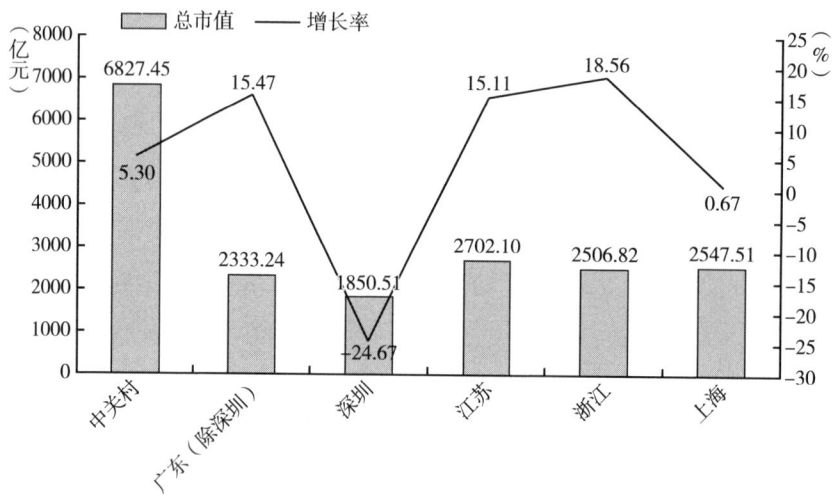

图1　2017年各地区新三板企业市值状况

资料来源：Wind，中关村上市公司协会整理。

2017年中关村新三板企业总资产为4785.76亿元，而广东（除深圳）、深圳、江苏、浙江、上海地区的总资产分别为中关村新三板企业总资产的42.58%、31.52%、78.95%、45.99%、36.57%。中关村新三板企业总资产较2016年增长18.55%，广东（除深圳）、深圳、江苏、浙江、上海地区增长率分别为9.64%、-16.37%、12.49%、1.25%、13.55%。中关村新三板企业总资产及其增长率均高于其他地区（见图2）。

2017年中关村新三板企业税收为36.90亿元，而广东（除深圳）、深圳、江苏、浙江、上海地区的税收分别为中关村新三板企业

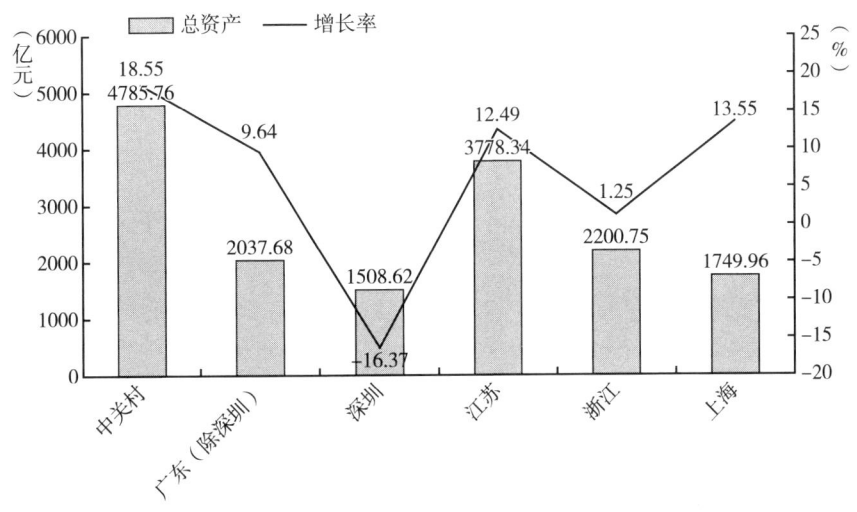

图 2　2017 年各地区新三板企业总投资产状况

资料来源：Wind，中关村上市公司协会整理。

税收的 57.53%、42.10%、99.70%、69.51%、54.31%。中关村新三板企业税收较 2016 年降低 9.60%，其他地区除江苏和上海地区所得税分别增长 3.80% 和 14.08%，广东（除深圳）、深圳、浙江所得税均出现下降，分别降低 2.01%、11.64% 和 8.04%。以上数据显示，中关村新三板企业纳税高于其他地区，但总量较上年有所下降，与其他地区变动趋势相近（见图 3）。

2017 年中关村新三板企业员工人数为 28.77 万人，广东（除深圳）地区员工人数为 29.56 万人，深圳地区员工人数为 22.22 万人，江苏地区员工人数为 27.05 万人，浙江地区员工人数为 23.03 万人，上海地区员工人数为 18.53 万人。中关村新三板企业员工人数较 2016 年降低 10.86%，广东（除深圳）、深圳、江苏、浙江、上海地区增长率分别为 19.34%、-6.38%、-4.90%、-0.85%、5.04%。中关村新三板企业员工人数出现较大幅度降低，总数略低于广东（除深圳），但高于其他地区（见图 4、表 1）。

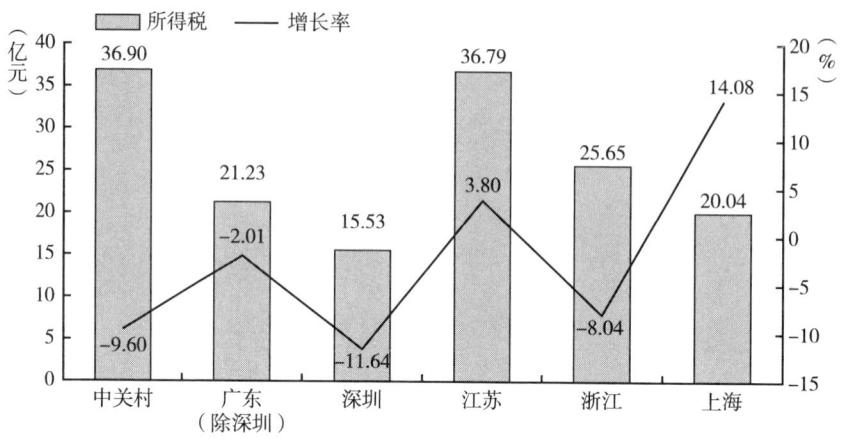

图 3　2017 年各地区新三板企业所得税状况

资料来源：Wind，中关村上市公司协会整理。

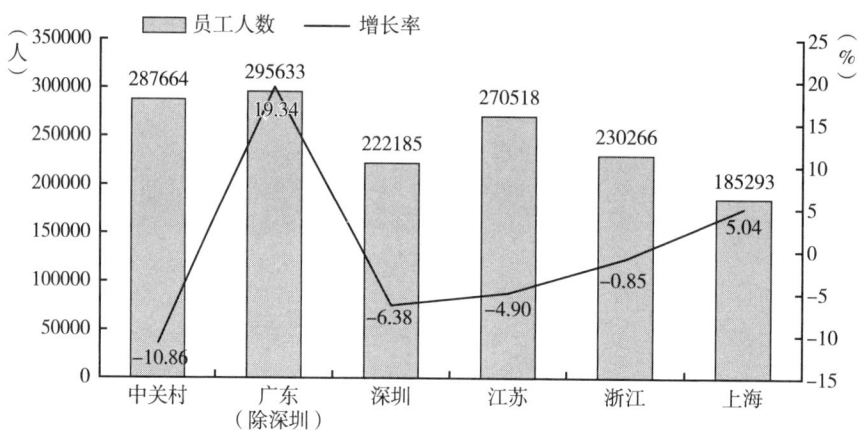

图 4　2017 年各地区新三板企业员工人数状况

资料来源：Wind，中关村上市公司协会整理。

二　各地区新三板企业赢利能力分析

2017 年中关村新三板企业总营收为 2421.48 亿元，广东（除深圳)、深圳、江苏、浙江、上海地区总营收分别为中关村新三板企业总营收的69.03%、58.10%、93.52%、83.27%、95.79%。中关村新三板企业总营收较2016年增长7.38%，广东（除深圳）、深圳、江苏、浙江、上海地区增长率分别为20.29%、4.31%、11.82%、4.05%、37.07%（见图5）。中关村新三板企业总营收高于其他地区，但增长率低于广东（除深圳）、江苏和上海地区。中关村新三板企业的平均营业收入与人均营业收入均处于中间水平，相较上海、浙江等地仍有较大上升空间。

表1 2017年主要地区新三板企业整体情况

	企业数量*	总市值（亿元）	总资产（亿元）	所得税（亿元）	员工人数（人）
中关村	1618	6827.45	4785.76	36.90	287664
广东（除深圳）	1097	2333.24	2037.68	21.23	295633
深圳	780	1850.51	1508.62	15.53	222185
江苏	1389	2702.10	3778.34	36.79	270518
浙江	1032	2506.82	2200.75	25.65	230266
上海	991	2547.51	1749.96	20.04	185293

＊本章节的各地区新三板企业数量因不涉及相关财务数据，所以以对应地区全部新三板企业数量作为研究基数；其余涉及挂牌公司2017年的财务数据的各项财务指标，如市值、资产、营收、净利、毛利、所得税、员工人数等，以2018年5月2日前公布2017年年报的企业作为研究基数，其中北京1446家，广东（除深圳）1001家，深圳681家，江苏1274家，浙江934家，上海904家。

资料来源：Wind，中关村上市公司协会整理。

2017年中关村新三板企业毛利润为627.59亿元，可以参照的数据是，广东（除深圳）、深圳、江苏、浙江、上海毛利润分别为中关村新三板企业毛利润的66.59%、55.05%、77.53%、60.59%、59.14%（见图6）。中关村新三板企业毛利润高于其他地区，毛利润增长率处于中间水平；各地区平均毛利润相差较小，中关村处于中间水平，而中关村毛利率远高于其他地区，表现出较强的赢利能力。

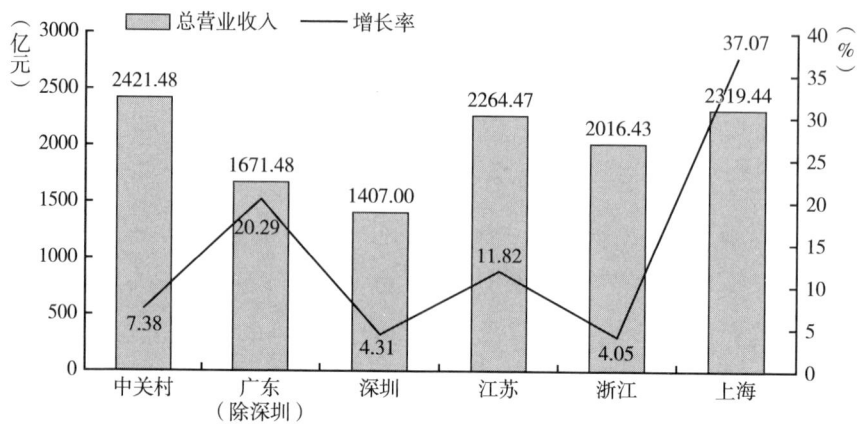

图 5　2017 年各地区新三板企业总营业收入状况

资料来源：Wind，中关村上市公司协会整理。

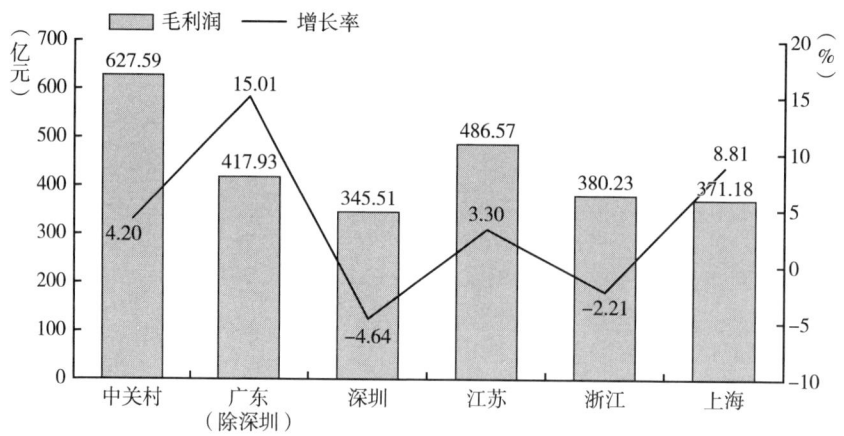

图 6　2017 年各地区新三板企业毛利润状况

资料来源：Wind，中关村上市公司协会整理。

2017 年中关村新三板企业净利润为 141.87 亿元，可以参照的数据是，广东（除深圳）、深圳、江苏、浙江、上海净利润分别为中关村新三板企业净利润的 69.23%、50.92%、102.87%、74.14%、

43.89%。中关村新三板企业净利润较2016年增长15.84%；广东（除深圳）、深圳、江苏、浙江、上海地区增长率分别为3.68%、-19.26%、3.06%、-8.34%、-5.89%（见图7）。中关村新三板企业净利润低于江苏地区，显著高于其他地区，且增长率远高于其他地区（见表2）。

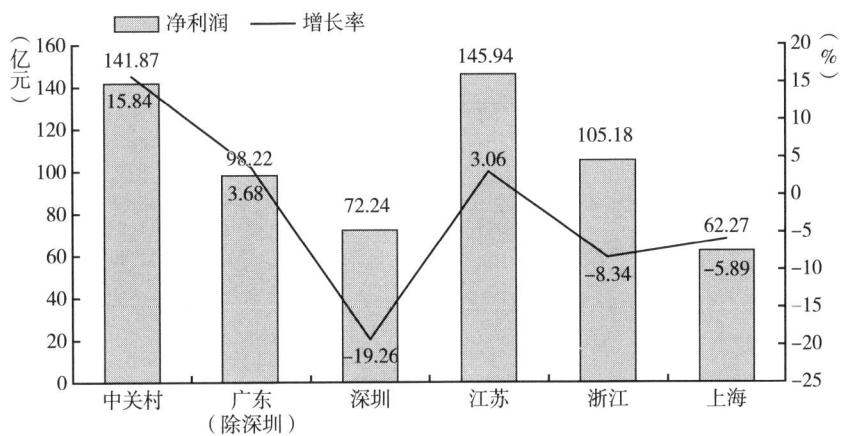

图7 2017年各地区新三板企业净利润状况

资料来源：Wind，中关村上市公司协会整理。

表2 2017年各地区新三板企业赢利能力比较

	总营收（亿元）	平均营收（亿元）	人均营收（万元/人）	毛利润（亿元）	平均毛利润（亿元）	毛利率（%）	净利润（亿元）	人均净利润（万元/人）
中关村	2421.48	1.67	84.18	627.59	0.43	25.92	141.87	4.93
广东（除深圳）	1671.48	1.67	56.54	417.93	0.42	25.00	98.22	3.32
深圳	1407.00	2.07	63.33	345.51	0.51	24.56	72.24	3.25
江苏	2264.47	1.78	83.71	486.57	0.38	21.49	145.94	5.39
浙江	2016.43	2.16	87.57	380.23	0.41	18.86	105.18	4.57
上海	2319.44	2.57	125.18	371.18	0.41	16.00	62.27	3.36

资料来源：Wind，中关村上市公司协会整理。

以上分析显示，相较于其他地区，中关村新三板企业已形成一定规模，在市值、总资产、赢利能力方面远高于其他区域新三板企业，表明中关村新三板企业的整体实力优于其他区域。另外，由于中关村新三板企业已有规模基数的限制，在2017年个别财务指标的增长率基本处于中间水平，但绝对增量依然可观。

（三）各地区创新层对标分析①

由于创新层入选标准具有较高要求，创新层企业均具有优质的赢利能力和较高的成长性。一个地区创新层企业的整体表现，是评价该地区新三板企业整体质量的重要指标。因此，本报告将中关村新三板创新层企业与广东（除深圳）、深圳、浙江、江苏和上海五省市的新三板创新层企业进行了对标分析（见表3）。

表3 2017年主要地区创新层企业对标分析情况

	企业数量（家）	占全国创新层比例（%）	占本地区新三板企业总数比例（%）	总市值（亿元）	总资产（亿元）	总营收（亿元）	净利润（亿元）
中关村	232	17.15	14.34	2268.66	1175.31	998.93	46.10
上海	132	9.76	13.32	1124.81	529.56	1131.52	20.12
广东(除深圳)	131	9.68	9.42	756.75	580.80	362.57	30.65
江苏	130	9.61	11.95	816.26	548.50	367.45	31.23
深圳	108	7.98	13.86	737.93	506.51	426.69	29.90
浙江	103	7.61	9.98	828.34	796.98	783.03	38.82

资料来源：Wind，中关村上市公司协会整理。

---

① 本章节的各地区创新层企业数量及在创新层总数中的占比、在各地区新三板企业总数中占比部分因不涉及相关财务数据，所以以对应地区全部新三板企业数量作为研究基数；其余指标因涉及挂牌公司2017年的财务数据，以2018年5月2日前公布2017年年报的企业作为研究基数，各地满足该条件的创新层企业数量分别为：北京202家，上海118家，江苏117家，广东（除深圳）118家，浙江96家，深圳85家。

2017年，中关村共有232家创新层企业，占全国创新层企业数量①的17.15%，占北京市新三板企业数量的14.34%；上海、广东（除深圳）、江苏三地创新层企业数量达到130家及以上，分别占本地区新三板企业总数的13.32%、11.95%和9.42%；深圳和浙江两地创新层企业分别为108和103家，数量相对落后于其他地区，但深圳创新层企业占本地区新三板总量的13.86%，处于较高水平（见图8）。从创新层数量及其在本地区新三板企业总量的占比来看，中关村创新层企业数量远高于其他省市，创新层企业在本地区新三板企业数量中的比例也相对较高，质量优于其他省市。

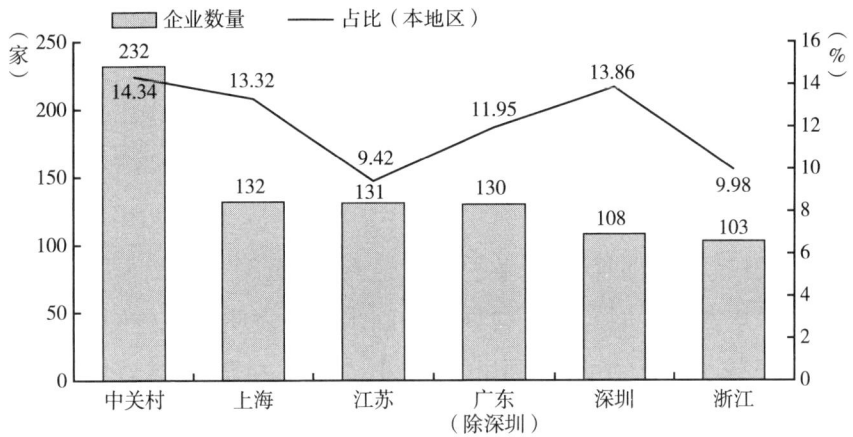

图8　2017年各地区创新层企业数量及占比情况

资料来源：Wind，中关村上市公司协会整理。

从市值角度分析，中关村创新层总市值为2268.66亿元，约为第二名上海市创新层企业总市值的2倍，远高于其他省市创新层总市值。同时，中关村创新层总市值占中关村新三板企业总市值的33.23%，略低于上

---

① 根据股转系统公示，2017年符合创新层标准的挂牌公司共计1393家，因摘牌等原因，截至2017年12月31日，全国共1353家保留在创新层；截至2018年5月2日，全国仅1207家创新层企业公布年报。

海、江苏创新层市值占比，处于中间水平（图9）。总量上的绝对优势与创新层市值占比相对较低的对比，表明中关村新三板优秀企业较多，同时基础层受到市场关注的企业也较多，中关村新三板企业质量普遍较高。

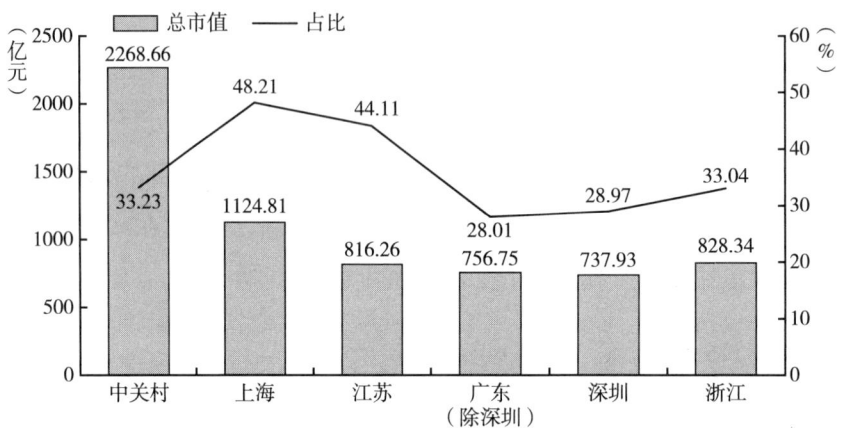

图9　2017年各地区创新层市值及占比情况

资料来源：Wind，中关村上市公司协会整理。

中关村新三板创新层企业总资产达到1175.31亿元，高于其他省市，而平均资产层面，中关村处于中间水平。表明中关村创新层企业总体规模较大，但平均体量相对较小。中关村创新层总营收达到998.93亿元，低于上海市，高于其他省市，但平均总营收相对较小，仅高于江苏与广东（除深圳），低于其他地区。

2017年，中关村创新层赢利企业净利润为60.42亿元，高出第二名浙江省20.30亿元。中关村创新层共有172家企业赢利，占总数的85.15%，相较于其他省市，该比例相对较低。2017年亏损企业亏损额为14.33亿元，平均每家亏损0.48亿元，平均亏损额高于除上海、江苏外的其他省市（见表4），究其原因，2017年中关村创新层亏损企业较多，个别企业亏损较高。①

---

① 2017年，神州优车、长城华冠均亏损2亿元以上。

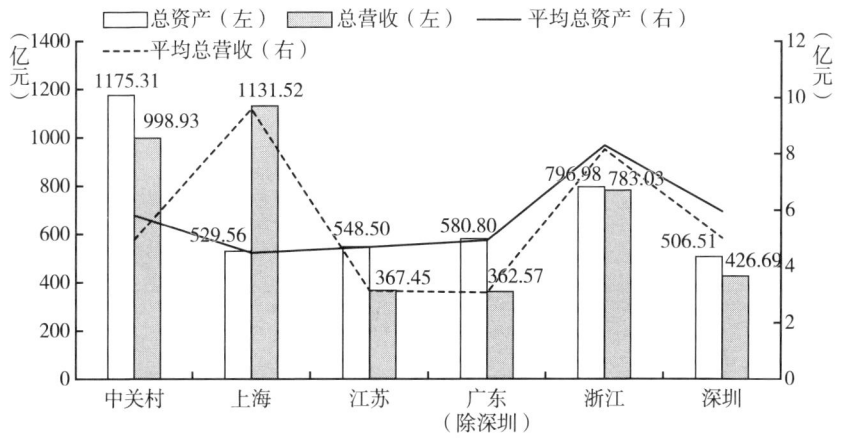

图 10　2017 年各地区创新层总资产和总营收情况

资料来源：Wind，中关村上市公司协会整理。

表 4　2017 年主要地区创新层企业赢利情况

	赢利企业数量	赢利企业家数占比（亿元）	赢利企业净利润	亏损金额（亿元）	平均亏损（亿元）
中关村	172	85.15%	60.42	14.33	0.48
上海	101	85.59%	30.48	10.36	0.61
江苏	113	96.58%	35.42	4.19	1.05
广东（除深圳）	107	90.68%	33.28	2.63	0.24
浙江	85	88.54%	40.12	1.30	0.12
深圳	75	88.24%	32.88	2.98	0.30

资料来源：Wind，中关村上市公司协会整理。

参考文献

魏楠：《新三板中小企业融资效率研究》，山东大学硕士学位论文，2017。

附 录
Appendix

B.14
中关村上市公司协会新三板分会介绍

应广大中关村新三板公司的发展需求,在中关村管委会的大力支持下,中关村上市公司协会于2015年年度理事会中通过成立中关村上市公司协会新三板分会(以下简称"新三板分会")的决议。

新三板分会秉承"遵守宪法、法律、法规和国家政策,遵守社会道德风尚;恪守上下对接,竞聘合作,平台管理,职责分明,政策用足,服务企业"的宗旨,促进中关村新三板企业与政府资源、主板企业、服务机构之间的对接,打造中关村新三板整体形象、助力中关村新三板企业快速成长。

下一步,新三板分会将从政策研究、金融服务、培训交流、业务合作四个目标着手,旨在为新三板企业搭建起便捷高效的一站式综合服务平台。在加强中关村新三板企业之间的资源共享和交流合作等方面发挥更大的作用。

一 新三板分会定位

（一）权威智库研究基地

新三板分会作为新三板最具代表的智库之一，专注于以中关村新三板企业为主体的中小微创新型企业，为其实现信息共享，协助企业下情上达，配合政府上情下达。对中关村新三板企业提供平台式精准服务，助力企业创新成长。

（二）社会组织金融服务示范

创新驱动发展是中关村新三板企业高速成长的灵魂所在，新三板分会将积极落实多层次资本市场建设政策，响应中关村新三板企业融资诉求，推出丰富的平台解决方案、个性化的金融服务和投融资路演活动等。旨在促进中关村优质科技企业项目与投资机构即时沟通交流，丰富中关村企业的融资途径，帮助投资机构与企业项目零距离接触，服务更多中关村新三板企业解决"融资难"问题，突破制约企业持续创新成长的瓶颈。

（三）更专业的培训交流、智慧咨询平台

针对三板企业及企业内部、外部在运营、管理、市场、产品、资源对接等方面的问题进行专场或专题的交流、讨论、专家分析、问题释疑、资源对接等活动。主要包括企业私董会、专题论坛、专题沙龙、培训辅导、资源沟通对接等方面，推动中关村的创新型企业发展，大力支持企业科技创新。

（四）拓展区域对接，增强业务合作

针对新三板分会的会员企业，进行参访、调研，从而做到资源精准对接，结合媒体资源扩大影响，并对合作信息进行及时的反馈追踪。持续举办国际性会议和活动，组织企业进行海外路演和参观访问，提高会员企业乃至整个中关村的国际化水平，提升区域国际影响力。

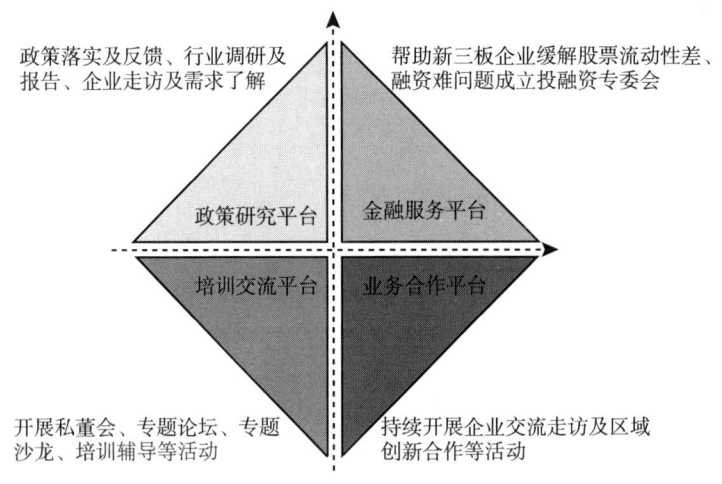

图1　新三板分会室位

二　重要工作成果

（一）走进百家企业·寻找隐形冠军

2017年11月，由北京证监局、金融局、管委会和全国股转公司共同支持启动的中关村新三板"走进百家企业，寻找隐形冠军"活动，秉承上市公司协会的走访传统，深入了解企业当前经营状况及面临主要困难和存在的问题，有针对性地替企业解决问题，助力企业发展。走访活动进一步加强了新三板分会与企业间的联系，加大了企业与新三板分会间的黏性。在政策传导和政策建议方面有了比较好的沟通渠道，在促进以科技创新企业的力量带动区域经济高效发展、增强企业社会责任感等方面达成了共识，也为撰写本报告收集了充实的素材。

图2　中关村新三板"走进万家企业，寻找隐形冠军"活动现场

（二）中关村新三板投融资路演

"中关村新三板投融资路演"是基于与深交所旗下深圳证券信息有限公司的战略合作关系，结合双方科技金融服务与企业基础数据，在政府部门、高新园区、资本市场、创投机构等团体之间实现了信息共享、流程互通、功能互补。活动旨在促进中关村优质企业项目与投资机构即时沟通交流，丰富企业的融资途径，帮助投资机构近距离接触项目。

图3 中关村新三板投融资路演活动现场

(三)中关村中小企业融资服务平台

"扶持创新企业,推动企业融资上市"是协会发展的一贯使命,积极落实多层次资本市场建设的政策,响应广大中小企业的融资诉求,全力帮助企业解决融资困境,实现持续创新,进一步成长壮大,特推出平台解决方案——中关村中小企业融资服务平台(以下简称"平台")。平台汇集银行、保理、基金等金融机构,引进完整的金融服务产业链,涉及资金融通、资产管理、融资中介、资产配套、上市辅导、政策性资金申报等方向,发布金融机构产品、提供对接讯息等,能为中关村中小企业提供丰富和个性化的金融服务。

(四)组织开展各类专业培训活动

协会致力为会员开拓资源打造多层次资本市场平台,每年分主题举办需求调研、政策对接、企业相互交流、专家培训等。2017年以

中关村上市公司协会新三板分会介绍

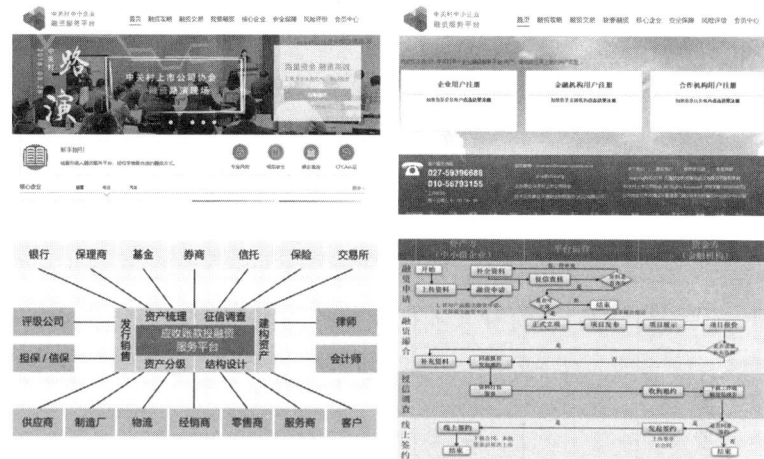

图4　中关村中小企业融资服务平台

资料来源：Wind，中关村上市公司协会整理。

图5　各类培训座谈活动现场

资料来源：Wind，中关村上市公司协会整理。

来在中关村管委会的指导下，成功举办资本助力中关村新三板科技创新发展峰会、"港股新规新时代变革，携手促进新经济发展"新经济企业赴港上市论坛、中关村改制挂牌上市并购政策专场宣讲会等活动，每期均邀请国内外知名机构专家、相关政府部门人员前来讲解，同时邀请有相关经历的会员企业进行现场经验交流与分享。

（五）组织与中关村各园区对接交流活动

协会致力于与各开发区积极对接交流，帮助中关村公司寻求更多的发展空间，不断寻找适宜各行业企业拓展业务的区域。协会组织与中关村各园区开展对接活动，对于促进双方未来进一步的交流和合作有重要意义。

B.15 后　记

中关村上市公司协会新三板分会自成立起，始终致力于为中关村新三板企业提供专业、高效服务，宣传中关村新三板品牌，推动中关村新三板企业更好更快发展。2018年，为全面深入了解中关村新三板企业发展状况，挖掘新三板优质企业资源，完善多层次资本市场建设，分会在中关村管委会的指导下，首次组织专业研究团队分析中关村新三板企业成长数据，总结其发展规律，推出了《2018年中关村新三板企业成长力报告》（下文简称"报告"）。

报告聚焦于新三板的深化改革，对中关村新三板市场的整体概况、成长力状况、行业分布状况、经济社会贡献度等方面进行了全面分析，并通过与其他区域的对标分析和多年数据变化的纵向分析，客观描述了中关村新三板整体的成长能力。通过对中关村新三板企业数据的深入研究，我们得出如下结论。

经营业绩彰显高成长性，创新层企业更为突出。2017年，在全国新三板整体经营结果不佳的大环境下，中关村新三板企业营业收入、毛利润及净利润均保持了持续上升的趋势，分别较上年增长7.37%、4.20%和16.12%，其中净利润增长率远高于全国平均水平，赢利能力表现出较强的成长性。中关村创新层企业表现更为突出，其平均营收约为基础层企业的5倍，平均净利润约为基础层企业的3倍，76.73%的创新层企业实现营业收入同比正增长，55.94%的创新层企业实现净利润同比正增长。

研发投入和专利产出齐增长，企业创新能力不断提升。2017年，中关村新三板企业整体研发投入程度较高，研发费用共计97.58亿元，平均研发强度为5.74%，高于全国平均研发强度。同时，中关村新三板企业合理的研发投入促进赢利水平的提升。与此同时，中关村新三板企业研发投入的持续加强推动着专利产出能力的不断提升，专利授权量四年来持续上升，2017年专利授权量达2129件，有效发明专利2519家，还有2家企业申请了2件PCT专利。该组数据表明中关村新三板企业创新能力不断提升，已经有少部分企业在立足本土发展的基础上，开始进行国际化战略布局。

新经济企业聚集，优势行业成长潜力巨大。代表新兴产业的信息传输、软件和信息技术服务业一直是中关村的优势行业。2017年，中关村有接近四成的企业（571家）属于信息传输、软件和信息技术服务业，且该行业的总市值、营业收入、毛利润等财务数据均高于其他行业。此外，拥有成熟技术与市场的高端制造业同样是中关村新三板的优势行业，其企业总数达到295家。与此同时，中关村新三板企业平均固定资产比率仅有5.03%，远低于同期全国水平（14.00%），轻资产特征明显，这从侧面佐证中关村新三板新经济企业居多，不易在行业周期波动中被淘汰，其成长前景值得市场关注。

中关村新三板企业质量较高，整体实力优于其他区域。与广东（除深圳）、深圳、江苏、浙江和上海五个地区的新三板企业进行对标分析，中关村新三板企业的总市值、总资产、总营收、毛利润、纳税额均高于其他地区。此外，中关村创新层企业不仅数量和占比远高于其他地区，且创新层企业的总市值、总资产和净利润指标也远超其他地区。充分表明，中关村新三板企业已形成一定规模，企业质量普遍较高，整体实力优于其他区域。

尽管中关村新三板表现出较强的竞争实力和成长能力，但新三板市场发展中仍存在一些突出问题限制挂牌企业借助资本市场获得发展，如：交易制度不完善、市场流动性不足、分层机制和差异化制度

后 记

安排不完善等问题,对企业挂牌吸引力下降。这些问题指出了未来改革的方向,相信作为多层次资本市场的重要组成部分,未来新三板市场必将不断出台新政新策,革除弊端,完善市场环境。

中关村作为新三板的摇篮,孕育和培养了为创新创业企业提供资本支持的新三板市场,而中关村新三板的成长过程也充分诠释了科技与资本结合所带来的巨大推动力。中关村新三板企业所展现的蓬勃的成长能力表明,其正在资本与科技的双驱动下,不断完善和扩大自身竞争力,逐渐成为中关村建设全国科技创新中心和构建京津冀协同创新共同体的重要支撑和有力保障。

本次研究报告历时数月,中间经历多次修改完善,最终得以顺利完成。在此,我们要感谢研究团队全体工作人员对于本报告所付出的心血和努力,感谢中国证监会北京监管局、北京市金融监督管理局、中关村科技园区管理委员会及中关村知识产权促进局对报告所给予的帮助及数据资料方面的支持,感谢安永华明会计师事务所对于报告数据及文字的核对工作,感谢中关村上市公司协会新三板分会执委会对分会工作的一贯支持,感谢诸多专家对于报告前期存在的问题提出中肯的意见及建议。同时,感谢社会各界连续多年来对于协会成长和发展的关心与关注。协会定当不忘初心,再接再厉。

中关村上市公司协会新三板分会执行会长

陈 沛

2018 年 6 月

Abstract

The National Equities Exchange and Quotations (hereinafter referred to as NEEQ) is an important innovative measure for the construction of multi-level capital markets in China. It is of great significance to meet the diversified financing needs of enterprises, enhance the ability of independent innovation and promote the development of high-tech enterprises. Zhongguancun is the source of China's strategic emerging industries and the birthplace of the NEEQ. The sound development of the Zhongguancun NEEQ market provides demonstration effects for other high-tech zones across the country.

By the end of 2017, 1, 618 enterprises in Zhongguancun had been listed on the NEEQ, including 232 innovative-level enterprises. Regardless of whether it is in the national NEEQ market or in the Zhongguancun regional economy, the contribution of Zhongguancun NEEQ enterprises cannot be ignored.

The opertating performance of Zhongguancun NEEQ enterprises demonstrates high growth, and the innovative-level enterprises are more prominent. In 2017, under the overall gloomy situation of the national NEEQ market, the operating income, gross profit and net profit of Zhongguancun NEEQ enterprises maintained a rising trend, and the net profit growth rate was much higher than the national average. There were 8% and 16% of Zhongguancun NEEQ enterprises with operating income growth rate and net profit growth rate which exceeds 100% respectively. The profitability of Zhongguancun NEEQ enterprises shows high growth. Among them, the average revenue of the innovative-level enterprises is five times that of the basic-level enterprises, and the average net profit is about three times that of the basic-level enterprises. 77% of the innovative-level enterprises achieve positive growth in operating income, and more than half of the innovation-level enterprises achieve positive growth in net profits on year-on-year basis.

The R&D investment and patent output of Zhongguancun NEEQ enterprises have increased, and the innovation capability of enterprises has been continuously improved. In 2017, the research and development cost of Zhongguancun NEEQ enterprises was about 10 billion yuan, and the average R&D intensity of enterprises was much higher than the national average. At the same time, the continuous strengthening of corporate R&D investment has promoted the continuous improvement of patent output capacity. The patent authorization of Zhongguancun NEEQ enterprises has continued to rise in the past four years, and the innovation capability has been continuously improved. A small number of enterprises have begun to carry out international strategic layout based on local development.

Zhongguancun is a place with new economic enterprises gathering and advantageous industries of huge growth potential. Nearly 40% of the enterprises in Zhongguancun belong to the information transmission, software and information technology service industry. As an emerging industry, the total market value, operating income, gross profit and other financial data of this industry are higher than other industries, and it is the dominate industry of Zhongguancun NEEQ market. In addition, based on the development history, humanistic environment and policy support of the Zhongguancun region, the high-end manufacturing industry with mature technology and market is also the advantageous industry of Zhongguancun NEEQ. At the same time, the average fixed asset ratio of the NEEQ enterprises in Zhongguancun is far lower than the national level in the same period, and the characteristics of light assets are obvious. From another aspect, it proves that new economic enterprises are mostly in Zhongguancun NEEQ, and its growth prospects deserve market attention.

Zhongguancun enterprises have obvious competitive advantages and their overall strength is better than other regions. The benchmark analysis of the NEEQ enterprises with Guangdong (except Shenzhen), Shenzhen, Jiangsu, Zhejiang and Shanghai demonstrates that Zhongguancun NEEQ enterprises are higher than other regions in terms of market value, profitability and economic contribution. In addition, the indicators of the Zhongguancun innovative-level enterprises far exceed those of other regions, indicating that Zhongguancun have more quality enterprises.

Although the overall strength of the NEEQ of Zhongguancun is outstanding, it is hard to avoid the limitations imposed by the current rules of the NEEQ market in the process of development. For example, the insufficient of market liquidity, the increasing difficulty in corporate financing, and the imperfect trading system and stratified policy differentiation system, etc, have seriously hindered the development of market financing function, damaged the attractiveness of enterprise listing, and aggravated the loss of high-quality enterprises.

Based on the development status stated above and the outstanding problems existed at present, this report proposes the following recommendations, which expect to make contribution to the development and improvement of the NEEQ market.

It is recommended to re-identify the position of the NEEQ and focus on service for technological innovation-based enterprises. Since the expansion of the NEEQ, the service targets of the NEEQ have gradually expanded and generalized. To a certain extent, this blurs the market position of the NEEQ of the service for innovative and entrepreneurial enterprises, resulting in uneven quality of listed companies. Therefore, it is recommended to choose Zhongguancun as a pilot, drawing on the experience of the NASDAQ market in the United States and launch exclusive stratification for high-quality technological enterprises, and take the enterprise's technological innovation capability as the main evaluation index, so as to returning the initial positioning of the NEEQ market.

It is recommended to lower the barriers to entry for individual investors and attract institutional investors to participate in the NEEQ. At the present stage, the main contradiction of the NEEQ is the imbalance of supply and demand of funds, which directly leads to inactive market transactions, insufficient liquidity and difficulties in financing of enterprises. In addition to the quality problems of the listed enterprises themselves, the high threshold for qualified investors is an important factor in generating this problem. Therefore, it is recommended to select high-quality NEEQ enterprises and lower the entry threshold for qualified individual investors according to the risk level, so that the imbalanced buyer-seller power and the lack of liquidity in the market can be improved. At the same time, it is recommended to formulate the detailed rules for long-term funds, such as public funds and insurance funds, to invest in the NEEQ as soon as possible, so as to attract more qualified institutional investors with long-term funds to participate in the NEEQ market.

It is recommended to improve market stratification and formulate and implement differentiated institutional arrangements. It is recommended to further deepen the reform of the NEEQ market, further introduce the well-chosen level on the basis of the basic level and the innovative level, according to the enterprises' standardability, sustainability, growth opportunity and other indicators, and implement differentiated institutional arrangements, increase the support for high-quality enterprises in the field of scientific and technological innovation, such as "hard technology, original innovation"

It is recommended to strengthen the linkage between the NEEQ and relevant financial institutions. Innovative financial products and services specific to the business characteristics and financing needs of small-medium enterprises contribute to their healthy development. Therefore, it is recommended that the NEEQ should strengthen the cooperation with financial institutions such as banks and venture capital institutions, so as to actively develop new credit products and service models for listed NEEQ enterprises, and to meet the differentiated needs of SMEs in NEEQ.

In addition, in terms of the enterprises that have been listed in NEEQ, it is recommended that enterprises should improve their professional standards and technologies while strengthening their standardization, and grow together with the upgrade of the NEEQ market and the dividends of high-quality enterprises.

Keywords: NEEX; Zhongguancun; Growth; Business Performance

Contents

Ⅰ General Report

B.1 The Competitiveness of Zhongguancun NEEQ is
Outstanding, the Difficulty of Financing still Remains
Estela Kuo, Grace Tan / 001

Abstract: In 2017, the Zhongguancun enterprises listed in NEEQ have shown a stronger growth, in terms of the business performance and the ability of research and development, and the concentration of these new economy enterprises have laid a foundation of the rapid growth of these companies. Comparing with the other main areas in China, the current developing condition of Zhongguancun NEEQ enterprises suggests a certain competitiveness. However, due to the limitations of the current rules, there are still some problems in NEEQ, including the decrease of listed company, the insufficient liquidity and the unreasonable stratification mechanism, which have limited the possibility that the companies develop by means of capital market, to some degree. Based on the current situation, the report proposes some policies and solutions, for instance, identifying a clearer position of NEEQ, increasing the number of investors, optimizing the stratification mechanism and strengthening the interaction with financing institution, in order to improve the market environment for further development of the enterprises listed in NEEQ.

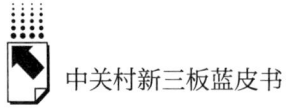

Keywords: Zhongguancun NEEQ; Higher Growth; Liquidity; Stratification Mechanism

II Market Operating Reports

B.2 Research Report on the Development of the NEEQ market in
Zhongguancun in 2017   *ZLCA Research Department* / 011

Abstract: Zhongguancun, as the birthplace of the NEEQ, is closely related to every subsequent significant change of NEEQ. This report does a further analyse of the current developing condition, in terms of the number of listed companies and the status of stock exchange, so as to reflect the development history of Zhongguancun NEEQ, and provide a foundation for understanding its direction of future development.

Keywords: Number of Listed Companies; Volume of Stock Exchanges; Zhongguancun NEEQ

B.3 Research Report on Industry Distribution of Zhongguancun
NEEQ in 2017   *ZLCA Research Department* / 021

Abstract: This report compares and analyzes the industry of Zhongguancun NEEQ enterprises, mainly from three dimensions: quantity distribution, financial index, and profitability, and based upon six indicators: total market value, total assets, employees, operating income, gross profit rate and net profits, so as to conclude the distribution situation, operating conditions, profitability, and characteristics of each industry. The results demonstrate that nearly 40% of the enterprises in Zhongguancun belong to the information transmission, software and information technology service industry. As an emerging industry, the total market value, operating income, gross profit and other financial data of this industry are higher than other industries, and it is the dominate industry of Zhongguancun NEEQ market. In addition, based on the development history, humanistic environment and policy support of the Zhongguancun region, the high-end manufacturing industry with mature technology and market is also the advantageous industry of Zhongguancun NEEQ. In conclusion, Zhongguancun is a place with new economic enterprises gathered, and its advantageous industries have huge growth potential.

Keywords: Zhongguancun NEEQ; Industry Analysis; Comparison of Financial Indicators; Profitability Analysis

B.4 Research Report on Market Value of Zhongguancun NEEQ in 2017   *ZLCA Research Department / 034*

Abstract: The report analyzes the market value status of Zhongguancun NEEQ, mainly from the three dimensions: the overall level, distribution of market value and ranking of market value. The results show that, in terms of overall level, the average market value of innovative-level enterprises is higher than that of basic-level. In terms of distribution situation of market value, the principle of 80/20 is obvious, taking the quantity and accumulated market value into consideration. In terms of the ranking situation, half of the market value of NEEQ is from Zhongguancun. In addition, except financial enterprises, the contribution from the enterprises of information transmission, software and the information technology to the market value of Zhongguancun is relatively higher.

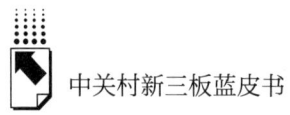

Keywords: Zhongguancun NEEQ; Market Value Distribution; Market Value Ranking

B.5 Research Report on Asset Condition of Zhongguancun NEEQ in 2017　　　　　　　*ZLCA Research Department* / 041

Abstract: This report objectively describes the asset size and asset changes of Zhongguancun NEEQ enterprises, and in-depth presents the asset quality and characteristics of Zhongguancun NEEQ enterprises through three perspectives: fixed asset ratio, asset-liability ratio and asset ranking. The report shows that the total assets of Zhongguancun NEEQ enterprises increased compared with the previous year, among which the assets of the innovative-level enterprises are much higher than those of the basic-level enterprises; the fixed assets ratio of Zhongguancun NEEQ enterprises is far lower than the national average of NEEQ market, and the characteristics of light assets are obvious, which proves that new economic enterprises are mostly in Zhongguancun NEEQ, and its growth prospects deserve market attention. In addition, the asset-liability ratio of most NEEQ enterprises in Zhongguancun is reasonable, the overall financial risk is low, and the asset quality of innovative-level enterprises is better.

Keywords: Zhongguancun NEEQ; Total Assets; Light Assets; Asset-liability Ratio

B. 6　Research Report on Economic and Social Contribution of Zhongguancun NEEQ in 2017

ZLCA Research Department / 047

Abstract: This report analyzes the economic and social contribution of Zhongguancun NEEQ enterprises from three dimensions: enterprise economic contribution, tax contribution, and employment opportunities provided. The research results show that the contribution of Zhongguancun NEEQ enterprises to Beijing's GDP is basically on the rise. At the same time, with the continuous growth of operating income, Zhongguancun NEEQ enterprises have provided more tax contribution to Beijing and brought some employment opportunities for Beijing's economic growth.

Keywords: Zhongguancun NEEQ; Economic Contribution; Tax Contribution; Employment Opportunities

B. 7　Zhongguancun park: an Innovation and Entrepreneurship Base, an Important Driving Force for the Development of the NEEQ market　　*Wang Su, Li Xudong / 052*

Abstract: Since the establishment of the NEEQ, Zhongguancun enterprises have always been an important force in the trading of the NEEQ market. In general, Zhongguancun park, relying on its outstanding innovation ability and development potential, has cultivated a large number of outstanding star enterprises that have made breakthroughs in frontier areas, which is not only the cradle of the NEEQ, but also an important force for promoting the reform and development of the NEEQ market. This report elaborates on the important role of Zhongguancun Park as a national innovation and entrepreneurship base in promoting the development of the NEEQ market from the perspectives of its status in the development history of China's NEEQ, industrial distribution and securities margin trading capacity.

Keywords: Zhongguancun Park; Innovation and Entrepreneurship; NEEQ Market

Ⅲ Enterprises Growth Reports

B.8 Research Report on the Operating Condition of Zhongguancun NEEQ in 2017

ZLCA Research Department / 080

Abstract: This report describes and analyzes the operating status of Zhongguancun NEEQ enterprise from the perspective of operating revenue, gross profit, net profit and period expense. At the same time, in order to exclude the impact of new listed companies on the number of indicators, this report further studied the operating conditions of the continuous listed enterprises in 2016 – 2017. According to the report conclusion, in 2017, under the overall depressed situation of the NEEQ market in China, the operating income, gross profit, net profit and other indicators of the NEEQ enterprises in Zhongguancun continued to rise, and the innovative-level enterprises were more prominent, highlighting the growth of their operating performance. At the same time, the overall trend of various period expense ratio showed a slow decline, indicating that the management and sales costs of the NEEQ enterprises in Zhongguancun were gradually effectively controlled, the overall quality of the business income of the enterprises was improved, and their profitability was enhanced. The analysis of continuous listed enterprises in 2016 – 2017 shows similar characteristics to the whole.

Keywords: Zhongguancun NEEQ; Operating Income; Gross Profit; Net Profit; Period Expenses

B. 9 Analyse Report on Zhongguancun NEEQ Enterprises Innovation Capability in 2017

Zhongguancun State Intellectual Property Model Park / 103

Abstract: The report analyzes the innovation capability of Zhongguancun NEEQ enterprise from two dimensions of R&D investment and innovation output. The research conclusions show that the outstanding ability of innovation is the distinctive feature of Zhongguancun NEEQ enterprises. In the past four years, both R&D investment and patent output have grown, companies have achieved rich innovation and the innovation ability has further increased. In 2017, the supply capacity of innovative elements of Zhongguancun NEEQ enterprises has steadily increased, which has continuously stimulated the innovation vitality of enterprises. The number of patent grants has grown steadily, and some innovations have ranked among the top in the world.

Keywords: Zhongguancun NEEQ; R&D Input; Innovation Output

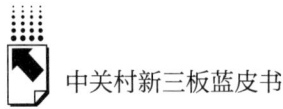

B.10 Research Report on the Financing Status of Zhongguancun NEEQ Enterprises in 2017

ZLCA Research Department / 115

Abstract: The report examines the financing situation of the 2017 NEEQ enterprises in Zhongguancun from five aspects: private placement, bond issuance, equity pledge, and cash condition and accounts receivable status. The research results show that private placement is still the most important financing channel for Zhongguancun NEEQ enterprises at present. Among them, Zhongguancun NEEQ innovative-level enterprises have significantly better financing ability than that of the basic- level. In terms of bond financing, the number of bond issuance and financing amount rose sharply in 2017. Bond financing has gradually become a feasible channel for Zhongguancun NEEQ enterprises to raise funds. In terms of equity pledge, although the absolute number of equity pledges and pledged shares of Zhongguancun NEEQ enterprises are increasing, the amount of equity pledge financing of Zhongguancun NEEQ enterprises in 2017 has been declined. In other words, the financing channels for the equity pledge of the NEEQ have narrowed. In terms of cash and accounts receivable, the difficulty of cash inflow of Zhongguancun NEEQ enterprises has been increased in 2017, the tension of the capital chain increased, and the growth trend of accounts receivable slowed down compared with previous years, but the proportion of current operating income was relatively high, which indicates that the operational risk of the company may increase.

Keywords: Zhongguancun NEEQ; Private Placement; Bond Financing; Equity Pledge

B.11 NEEQ Enterprise Capital Planning and Financing Strategy
　　　Analysis　　　　　　　　　　　　　　　　　　　*Yuan Ji* / 125

Abstract: 2018 is a winter for the capital market. Liquidity declined and capital supply decreased. The capital planning options of the NEEQ companies have not seen the "mainstream". The height is leveled, and the lower part is practiced. In a colder market environment, enterprises need to lengthen their cycles, and do long-term business planning and capital path planning: or save the "grain" for the winter, actively plan financing, and take the lead in the case of insufficient supply of funds. Raise funds for the development of the next few years; or self-cultivation, achieve steady growth in performance through legal and compliant operations, and do long-term capital planning to meet the challenges.

Keywords: NEEQ Enterprise; Long-term Capital Planning; Financing Strategy

B.12 Research Report on Corporate Governance of Zhongguancun
　　　NEEQ Enterprises in 2017　　*ZLCA Research Department* / 159

Abstract: The report analyzes and studies the corporate governance of Zhongguancun NEEQ Company in 2017 from the shareholding ratio of shareholders, the proportion of shares held by institutions, whether the chairman and general manager are the same subject, and the number of independent executive directors of the company, aiming to outline the status and characteristics of corporate governance of Zhongguancun NEEQ. The report concludes that the shareholding ratio of the largest shareholder of Zhongguancun NEEQ is generally higher, which can significantly reduce the risk of agency problems; the top ten shareholders have a higher shareholding ratio, the equity concentration is high and stable, and the company's operations are not prone to fluctuate. The proportion of institutional investors' shareholdings is increasing, and it is increasingly favored by institutional investors. The proportion of unity of the president and general manager is relatively high, the management power of enterprises is generally concentrated, and the proportion of independent directors is relatively low.

Keywords: Zhongguancun NEEQ; Shareholding Ratio; Agency Problem; Independent Directors

B.13   Comparative Analysis of the Overall Development of NEEQ in Major Regions in 2017　　*ZLCA Research Department* / 169

Abstract: This report focuses on the study of the characteristics and growth capabilities of Zhongguancun NEEQ enterprises through the benchmark analysis of NEEQ enterprises in Zhongguancun, Guangdong (excluding Shenzhen), Shenzhen, Jiangsu, Zhejiang and Shanghai. The report conducts the benchmarking analysis of the NEEQ enterprises in Zhongguancun and other regions from three perspectives: overall situation, enterprise profitability and innovation level enterprise situation, and based on the market value, total assets, operating income and other important indicators. The research conclusions show that the Zhongguancun NEEQ enterprise has formed a certain scale, the quality of the enterprise is generally higher, and the overall strength is better than other regions.

Keywords: Zhongguancun NEEQ; Regional Comparison; Innovative Level

Ⅳ Appendix

B.14 Introduction of Zhongguancun Listed Companies Association NEEQ Branch / 180

B.15 Postscript / 187

权威报告・一手数据・特色资源

皮书数据库
ANNUAL REPORT(YEARBOOK) DATABASE

当代中国经济与社会发展高端智库平台

所获荣誉

- 2016年，入选"'十三五'国家重点电子出版物出版规划骨干工程"
- 2015年，荣获"搜索中国正能量 点赞2015""创新中国科技创新奖"
- 2013年，荣获"中国出版政府奖·网络出版物奖"提名奖
- 连续多年荣获中国数字出版博览会"数字出版·优秀品牌"奖

成为会员

通过网址www.pishu.com.cn访问皮书数据库网站或下载皮书数据库APP，进行手机号码验证或邮箱验证即可成为皮书数据库会员。

会员福利

- 使用手机号码首次注册的会员，账号自动充值100元体验金，可直接购买和查看数据库内容（仅限PC端）。
- 已注册用户购书后可免费获赠100元皮书数据库充值卡。刮开充值卡涂层获取充值密码，登录并进入"会员中心"—"在线充值"—"充值卡充值"，充值成功后即可购买和查看数据库内容（仅限PC端）。
- 会员福利最终解释权归社会科学文献出版社所有。

卡号：932741257577
密码：

数据库服务热线：400-008-6695
数据库服务QQ：2475522410
数据库服务邮箱：database@ssap.cn
图书销售热线：010-59367070/7028
图书服务QQ：1265056568
图书服务邮箱：duzhe@ssap.cn

基本子库
SUB DATABASE

中国社会发展数据库（下设 12 个子库）

全面整合国内外中国社会发展研究成果，汇聚独家统计数据、深度分析报告，涉及社会、人口、政治、教育、法律等 12 个领域，为了解中国社会发展动态、跟踪社会核心热点、分析社会发展趋势提供一站式资源搜索和数据分析与挖掘服务。

中国经济发展数据库（下设 12 个子库）

基于"皮书系列"中涉及中国经济发展的研究资料构建，内容涵盖宏观经济、农业经济、工业经济、产业经济等 12 个重点经济领域，为实时掌控经济运行态势、把握经济发展规律、洞察经济形势、进行经济决策提供参考和依据。

中国行业发展数据库（下设 17 个子库）

以中国国民经济行业分类为依据，覆盖金融业、旅游、医疗卫生、交通运输、能源矿产等 100 多个行业，跟踪分析国民经济相关行业市场运行状况和政策导向，汇集行业发展前沿资讯，为投资、从业及各种经济决策提供理论基础和实践指导。

中国区域发展数据库（下设 6 个子库）

对中国特定区域内的经济、社会、文化等领域现状与发展情况进行深度分析和预测，研究层级至县及县以下行政区，涉及地区、区域经济体、城市、农村等不同维度。为地方经济社会宏观态势研究、发展经验研究、案例分析提供数据服务。

中国文化传媒数据库（下设 18 个子库）

汇聚文化传媒领域专家观点、热点资讯，梳理国内外中国文化发展相关学术研究成果、一手统计数据，涵盖文化产业、新闻传播、电影娱乐、文学艺术、群众文化等 18 个重点研究领域。为文化传媒研究提供相关数据、研究报告和综合分析服务。

世界经济与国际关系数据库（下设 6 个子库）

立足"皮书系列"世界经济、国际关系相关学术资源，整合世界经济、国际政治、世界文化与科技、全球性问题、国际组织与国际法、区域研究 6 大领域研究成果，为世界经济与国际关系研究提供全方位数据分析，为决策和形势研判提供参考。

法律声明

"皮书系列"(含蓝皮书、绿皮书、黄皮书)之品牌由社会科学文献出版社最早使用并持续至今,现已被中国图书市场所熟知。"皮书系列"的相关商标已在中华人民共和国国家工商行政管理总局商标局注册,如 LOGO(📱)、皮书、Pishu、经济蓝皮书、社会蓝皮书等。"皮书系列"图书的注册商标专用权及封面设计、版式设计的著作权均为社会科学文献出版社所有。未经社会科学文献出版社书面授权许可,任何使用与"皮书系列"图书注册商标、封面设计、版式设计相同或者近似的文字、图形或其组合的行为均系侵权行为。

经作者授权,本书的专有出版权及信息网络传播权等为社会科学文献出版社享有。未经社会科学文献出版社书面授权许可,任何就本书内容的复制、发行或以数字形式进行网络传播的行为均系侵权行为。

社会科学文献出版社将通过法律途径追究上述侵权行为的法律责任,维护自身合法权益。

欢迎社会各界人士对侵犯社会科学文献出版社上述权利的侵权行为进行举报。电话:010-59367121,电子邮箱:fawubu@ssap.cn。

社会科学文献出版社